에우튀데모스

정암고전총서 플라톤 전집

에우튀데모스

플라톤

김주일 옮김

아카넷

정암고전총서는 윤독의 과정을 거쳐 책을 펴냅니다.
아래의 정암학당 연구원들이 『에우튀데모스』 원고를 함께 읽고
번역에 도움을 주셨습니다.
이창연, 김윤호, 이정호, 전준현

'정암고전총서'를 펴내며

그리스·로마 고전은 서양 지성사의 뿌리이며 지혜의 보고이다. 그러나 이를 우리말로 직접 읽고 검토할 수 있는 원전 번역은 여전히 드물다. 이런 탓에 우리는 서양 사람들의 해석을 수동적으로 수용하는 처지를 완전히 극복하지 못하고 있다. 사상의 수입은 있지만 우리 자신의 사유는 결여된 불균형의 문제를 안고 있는 것이다. 이런 상황은 우리의 삶과 현실을 서양의 문화유산과 연관 지어 사색하고자 할 때 특히 심각한 문제를 야기한다. 우리 자신이 부닥친 문제를 자기 사유 없이 남의 사유를 통해 이해하거나 해결하는 것은 거의 불가능하기 때문이다. 우리의 문제에 대한 인문학적 대안들이 때로는 현실을 적확하게 꼬집지 못하는 공허한 메아리로 들리는 것도 그런 이유 때문일 것이다.

한 공동체에서 살아가는 사람들이 자신들의 생각과 말을 나누며 함께 고민하는 문제와 만날 때 인문학은 진정한 울림이 있는 메아리가 될 수 있다. 이것은 우리가 우리의 현실을 함께 고민하는 문제의식을 공유함으로써 가능하겠지만, 그조차도 함께 사유할 수 있는 텍스트가 없다면 요원한 일일 것이다. 사유를 공유할 텍스트가 없을 때는 앎과 말과 함이 분열될 위험에 노출될 수 있기 때문이다. 이런 점에서 진정한 인문학적 탐색은 삶의 현실이라는 텍스트, 그리고 생각을 나눌 수 있는 문헌 텍스트와 만나는 이중의 노력에 의해 가능할 것이다.

현재 한국의 인문학적 상황은 기묘한 이중성을 보이고 있다. 대학 강단의 인문학은 시들어 가고 있는 반면 대중 사회의 인문학은 뜨거운 열풍이 불어 마치 중흥기를 맞이한 듯하다. 그러나 현재의 대중 인문학은 비판적으로 사유하는 인문학이 되지 못하고 자신의 삶을 합리화하는 도구로 전락하는 경향이 없지 않다. 사유 없는 인문학은 대중의 욕망을 충족시키기 위해 소비되는 상품에 지나지 않는다. '정암고전총서' 기획은 이와 같은 한계상황을 극복할 수 있는 기본적인 토대를 마련하고자 하는 절실한 문제의식에서 시작되었다.

정암학당은 철학과 문학을 아우르는 서양 고전 문헌의 연구와 번역을 목표로 2000년 임의 학술 단체로 출범하였다. 그리고 그 첫 열매로 서양 고전 철학의 시원이라 할 『소크라테스 이전 철학자들의 단편 선집』을 2005년도에 펴냈다. 2008년에는 비영리 공익법인의 자격을 갖는 공적인 학술 단체의 면모를 갖추고 플라톤 원전 번역을 완결할 목표 아래 지금까지 20여 종에 이르는 플라톤 번역서를 내놓고 있다. 이제 '플라톤 전집' 완간을 눈앞에 두고 있는 시점에 정암학당은 지금까지의 시행착오를 밑거름 삼아 그리스 · 로마의 문사철 고전 문헌을 우리말로 옮기는 고전 번역 운동을 본격적으로 펼치려 한다.

정암학당의 번역 작업은 철저한 연구에 기반한 번역이 되도록 하기 위해 처음부터 공동 독회와 토론을 통해 이루어진다. 번역 초고를 여러 번에 걸쳐 교열 · 비평하는 공동 독회 세미나를 수행하여 이를 기초로 옮긴이가 최종 수정하는 방식으로 진행된다. 이같이 공동 독회를 통해 번역서를 출간하는 방식은 서양에서도 유래를 찾기 어려운 번역 시스템이다. 공동 독회를 통한 번역은 매우 더디고 고통스러운 작업이지만, 우리는 이 같은 체계적인 비평의 과정을 거칠 때 믿고 읽을 수 있는 텍스트가 탄생할 수 있다고 확신한다. 이런 번역 시스템 때문에 모든 '정암고전총서'에는 공동 윤독자를 병기하기로 한다. 그러나 윤독자들의 비판을 수용할지 여부는 결국 옮긴이가 결정한다는 점에서 번역의 최종 책임은 어디까지나 옮긴이에게 있다. 따라서 공동 윤독에 의한 비판의 과정을 거치되 옮긴이들의 창조적 연구 역량이 자유롭게 발휘될 수 있도록 노력하였다.

정암학당은 앞으로 세부 전공 연구자들이 각각의 연구팀을 이루어 연구와 번역을 병행함으로써 아리스토텔레스 철학 원전, 키케로 전집, 헬레니즘 선집 등의 번역본을 출간할 계획이다. 그리고 이렇게 출간될 번역본에 대한 대중 강연을 마련하여 시민들과 함께 호흡할 수 있는 장을 열어 나갈 것이다. 공익법인인 정암학당은 전적으로 회원들의 후원으로 유지된다는 점에서 '정암고전총서'는 연구자들의 의지뿐만 아니라 시민들의 소중한 뜻이 모여 세상 밖에 나올 수 있는 셈이다. 이런 점에서 '정암고전총서'가 일종의 고전 번역 운동으로 자리매김되길 기대한다.

'정암고전총서'를 시작하는 이 시점에 두려운 마음이 없지 않으나, 이런 노력이 서양 고전 연구의 디딤돌이 될 것이라는 희망, 그리고 새로운 독자들과 만나 새로운 사유의 향연이 펼쳐질 수 있으리라는 기대감 또한 적지 않다. 어려운 출판 여건에도 '정암고전총서' 출간의 큰 결단을 내린 아카넷 김정호 대표에게 경의와 감사의 뜻을 전한다. 끝으로 정암학당의 기틀을 마련했을 뿐만 아니라 앎과 실천이 일치된 삶의 본을 보여 주신 이정호 선생님께 존경의 마음을 표한다. 그 큰 뜻이 이어질 수 있도록 앞으로도 치열한 연구와 좋은 번역을 내놓는 노력을 다할 것이다.

2018년 11월

정암학당 연구자 일동

'정암학당 플라톤 전집'을 새롭게 펴내며

플라톤의 사상과 철학은 서양 사상의 뿌리이자 서양 문화가 이루어 온 지적 성취들의 모태가 되었다는 점에서 큰 의미를 지니고 있다. 특히 그의 작품들 대부분은 풍성하고도 심오한 철학적 문제의식을 담고 있을 뿐만 아니라 생동감 넘치는 대화 형식으로 쓰여 있어서, 오늘날까지 많은 사람이 최고의 철학 고전이자 문학사에 길이 남을 걸작으로 손꼽고 있다. 화이트헤드는 '유럽철학의 전통은 플라톤에 대한 일련의 각주'라고까지 하지 않았던가.

정암학당은 플라톤의 작품 전체를 우리말로 공유할 수 있도록 하자는 취지에서 뜻있는 학자들이 모여 2000년에 문을 열었다. 그 이래로 플라톤의 작품들을 함께 읽고 번역하는 데 매달려 왔다. 정암학당의 연구자들은 애초부터 공동 탐구의 작업 방식을 취해 왔으며, 이에 따라 공동 독회와 토론을 통해 텍스트를 이해하는 노력을 기울여 왔고, 초고를 여러 번에 걸쳐 교열·비평하는 수고 또한 마다하지 않았다. 2007년에 『뤼시스』를 비롯한 3종의 번역서를 낸 이후 지금까지 출간된 정암학당 플라톤 번역서들은 모두 이 같은 작업 방식으로 이루어진 성과물들이다.

정암학당의 이러한 작업 방식 때문에 번역 텍스트를 출간하는데 출판사 쪽의 애로가 없지 않았다. 그동안 출판을 맡아 준 이제이북스는 어려운 여건에서도 플라톤 전집 출간의 의미를 이해하고 전집 출간 사업에 동참하여 많은 노력을 기울여주었다. 그결과 2007년부터 2018년까지 20여 종의 플라톤 전집 번역서가출간되었다. 그러나 최근 이제이북스의 여러 사정으로 인해 전집 출간을 마무리하기가 어려워졌다. 정암학당은 플라톤 전집출간을 이제이북스와 완결하지 못하게 된 것에 대해 아쉬움을표하는 동시에 그 동안의 노고에 고마움을 전한다.

정암학당은 이 기회에 플라톤 전집의 번역과 출간 체계를 전반적으로 정비하기로 했고, 이런 취지에서 '정암학당 플라톤 전집'을 '정암고전총서'에 포함시켜 아카넷 출판사를 통해 출간할것이다. 아카넷은 정암학당이라는 학술 공간의 의미를 이해하고'정암학당 플라톤 전집' 출간의 가치를 공감해주었다. 여러 가지측면에서 많은 어려움이 있었음에도 어려운 결단을 내린 아카넷 출판사에 감사를 표한다.

정암학당은 기존에 출간한 20여 종의 번역 텍스트를 '정암고전총서'에 편입시켜 앞으로 2년 동안 순차적으로 이전 출간할 예정이다. 그러나 이런 작업이 짧은 시간에 추진되었기 때문에 번역자들에게 전면적인 수정을 할 시간적 여유가 주어지지는 않았다. 따라서 아카넷 출판사로 이전 출간하는 플라톤 전집은 일부의 내용을 보완하고 오식을 수정하는 선에서 새로운 판형과 조판으로 출간한다. 이 점에 대해서는 독자들께 양해를 구한다. 정암학당은 출판사를 옮겨 출간하는 작업을 진행하는 동시에, 플라톤 전집 중 남아 있는 텍스트들에 대한 번역본 출간 시기도 앞당길 수 있도록 노력할 것이다. 그리하여 오랜 공동 연구의 결실인 '정암학당 플라톤 전집' 전체를 독자들이 조만간 음미할 수 있도록 최선을 다할 것이다.

끝으로 정암학당의 기반을 마련해 주신 고 정암(鼎巖) 이종건(李鍾健) 선생을 추모하며, 새 출판사에서 플라톤 전집을 완간하는 일에 박차를 가할 것을 다짐한다.

2019년 6월

정암학당 연구자 일동

차례

작품 내용 구분

1. 액자 밖 서두(271a~272d)

1) 소크라테스, 크리톤을 만나 두 소피스트의 제자가 되겠다고 말하다.

2) 소크라테스가 크리톤을 만나 전날 있었던 대화에 대해 말을 꺼내며, 에우튀데모스와 디오뉘소도로스 형제의 지혜가 놀라우니 같이 그들의 지혜를 배우러 다니자고 권하고 이에 크리톤은 그들의 지혜에 대해 먼저 알려 달라고 해서 액자 속 대화가 재현된다.

2. 액자 안 서두(272d~273b)

1) 소크라테스, 에우튀데모스와 디오뉘소도로스를 클레이니아스와 크테십포스와 함께 만나다.

2) 소크라테스가 신의 가호로 두 소피스트들을 만난 이야기와 그 자리에 클레이니아스와 크테십포스가 있었음을 밝힌다.

3. 논의의 서두(273c~274d)

1) 소크라테스, 두 소피스트들에게 그들의 지혜를 입증해 주길 청하다.

2) 소크라테스가 두 소피스트들의 지혜가 '덕을 가장 빨리 전수해 주는 것'이라는 말을 듣고 자신이 그전에 그들에게 품은 생각에 대해 용서를 구하고 그들의 지혜를 보여 달라고 청한다.

4. 권유 논변의 서두(274d~275b)

1) 소크라테스, 두 소피스트들에게 클레이니아스를 상대로 권유 논변을 행해 줄 것을 청한다.

2) 소크라테스가 두 소피스트들에게 그들이 눈독 들인 클레이니아스를

소개하며 그에게 덕과 지혜의 돌봄을 권유해 주기를 청한다.

5. 두 소피스트들의 첫 번째 권유 논변(논변 1, 2)(275c~277c)

1) '배우다'란 말의 애매함을 이용한 논변으로 클레이니아스를 곤경에 처하게 한다.

6. 소크라테스의 첫 번째 권유 논변(277d~282e)

1) 소크라테스, 클레이니아스에게 지혜의 중요함을 일깨워 철학에 전념해야 함을 설득시킨다.

2) 소크라테스는 소피스트들의 첫 번째 권유 논변이 일종의 장난이며 이들의 본격적인 권유 논변을 불러내기 위하여 자신이 먼저 앞장서겠다고 한다. 그는 자신의 권유 논변을 통하여 삶에 있어서 지혜의 중요함을 일깨우고 철학에 전념해야 함을 클레이니아스에게 설득시킨다.

7. 두 소피스트들의 두 번째 권유 논변 I(논변 3, 4, 5, 6)(283a~284e)

1) 'einai(to be)' 동사의 애매함을 이용한 논변으로 소피스트들이 궤변을 부리자 격분한 크테십포스가 논의에 끼어들고, 소피스트들은 크테십포스를 상대로 거짓말의 불가능성에 대한 궤변을 펼친다.

8. 소크라테스의 개입(285a~285d)

1) 소피스트와 크테십포스의 공방이 격화되자 소크라테스가 끼어들어 농담으로 분위기를 누그러뜨리려 한다.

9. 두 소피스트들의 두 번째 권유 논변 II(논변 7, 8)(285d~288d)

1) 형제 소피스트들은 크테십포스가 한 '반박하다'란 말을 꼬투리 삼아 반박이 불가능하다는 궤변을 선보이며 이후 이런 식의 말꼬리 잡기로 여러 궤변을 펼친다. 이에 소크라테스가 나서 자신이 다시 권유 논변을 펼쳐 보이겠다고 밝힌다.

10. 소크라테스의 두 번째 권유 논변(288d~290d)

1) 만들고 사용할 줄 아는 지식의 추적.

2) 소크라테스는 이전 논의에 이어 행복하고자 하면 좋은 것을 만들 줄 알고 잘 사용할 줄도 아는 하나의 기술을 찾아야 한다고 말한다. 소크라테스는 여러 기술을 들지만 클레이니아스는 논변 만드는 기술과 장군의 기술조차도 만들고 발견하는 기술에 속하기 때문에 조건을 충족하지 못한다고 답변한다.

11. 크리톤의 개입(290d~292e)

1) 크리톤의 개입과 크리톤을 상대로 한 나머지 대화의 재현.

2) 크리톤은 클레이니아스의 총명한 대답에 놀라워하고, 소크라테스는 클레이니아스와 나누었던 대화의 나머지 부분을 크리톤을 상대로 재현한다. 그들은 대화를 통해 우리에게 좋은 것을 만들어 주기도 하고 그것을 사용하기도 하는 기술을 정치술에서도 왕의 기술에서도 찾을 수 없어 논의에 실패하고 말았다고 전한다.

12. 두 소피스트들의 세 번째 권유 논변(논변 9~21)(292e~303b)

1) 애매어나 애매구, 수식어구의 제거, 구문구조의 애매함 등을 이용한 여러 궤변들이 펼쳐진다.

13. 쟁론술에 대한 소크라테스의 정리(액자 안의 끝 장면)(303b~304b)

1) 소크라테스는 이들의 논의를 칭찬하는 척하면서 그들의 논의가 자가당착이라는 사실을 지적한다. 그는 크테십포스를 보면 누구나 쉬 배울 수 있음을 알겠다고 하며 말을 아끼라고 하고 자신과 클레이니아스를 제자로 받아 달라고 청한다.

14. 종결(액자 밖 대화의 마무리)(304b~307c)

1) 이야기를 들은 크리톤은 그날 대화하는 자리에서 소크라테스를 비난하는 사람을 만났다고 하면서, 그가 이런 대화를 즐기는 소크라테스와 철학을 비난했다고 말하며 주의를 당부한다(304b~305b).

2) 소크라테스는 그 사람이 철학과 정치의 중간에 위치하며 비난하는 점에서 자가당착에 빠지기는 하지만, 양쪽 다 지혜로운 자라는 것을 인정하고 그들을 아껴야 한다고 말한다(305b~306d).

3) 소크라테스는 자식 교육을 걱정하고 그들을 어떻게 철학에 전념하게 할지를 고민하는 크리톤에게 무작정 철학을 고집할 게 아니라 사실상 그것이 마땅한 것인지 아닌지를 따져서 판단해야 한다고 충고한다(306d~307c).

등장인물

크리톤(Kritōn)

소크라테스의 오랜 동갑내기 친구로서 두 사람 모두 아테네의 알로페케 출신이다. 플라톤과 크세노폰의 대화편에 여러 번 등장하며, 플라톤의 대화편으로는 그의 이름을 딴 『크리톤』이 유명하다. 이 대화편에서는 철학자인 소크라테스가 사형에 처하게 되자 탈옥을 권유하는 정 많은 친구로 등장한다. 소크라테스가 등장하는 대화편을 그가 직접 쓴 것도 있다고 하나 오늘날 전해지는 것은 없다. 『에우튀데모스』에서는 초급 교육 이후의 자식 교육에 노심초사하는 부모의 심정을 잘 드러내는 인물로 등장한다.

소크라테스(Sōkratēs)

이 대화가 이루어진 시기에 그의 나이는 대략 50세에서 60세 사이일 것으로 추정된다. 이 대화편에서 소크라테스는 클레이니아스에 대해서는 덕으로 이끌기 위해서 인자하고 자상한 논변을 펼치는 한편, 소피스트들에 대해서는 겉으로는 공손하고 지극한 존경을 표하는 듯한 태도를 취하면서도 이들의 논변의 문제점을 풍자적으로 비판하는 이중의 모습을 보인다. 아울러 자식 교육을 걱정하는 그의 동갑내기 친구 크리톤에게는 진지한 충고를 하는 인물이기도 하다.

에우튀데모스(Euthydēmos)

키오스 출신의 소피스트. 나이가 상당히 든 후에 소피스트가 된 인물로 이 대화편에 언급되어 있고, 소크라테스보다 나이가 많으며, 디오뉘소도로스의 동생으로 나온다. 디오뉘소도로스와 번갈아 가며 논변을 이끌어가고 있는데 디오뉘소도로스보다는 논변에 더 철저한 인물로 그려진다.

디오뉘소도로스(Dionysodoros)
크세노폰의 『소크라테스 회상』에는 중무장 전투 교사로 나오는데, 이 대화편에는 소피스트 기술을 익혀 노년에 소피스트가 된 인물로 그려진다. 에우튀데모스의 형인데, 동생보다는 논변을 진행하는 데 철저하지 못하고 실수를 범하기도 하는 인물로 등장한다.

클레이니아스(Kleinias)
잘 생긴 소년으로 많은 이들에게 동성애의 표적이 된 인물. 아테네의 명문 출신이자 유명한 알키비아데스의 사촌이다. 이 대화편에서 그는 다소 순진하지만 덕에 대한 열정이 있으며 소크라테스의 권유 논변에 의해 어느 정도 진전을 보는 인물로 그려진다.

크테십포스(Ktēsippos)
아테네 파이아이나 지역 출신. 이 대화편에서는 클레이니아스를 사랑하는 젊은이로 나온다. 플라톤의 『뤼시스(Lysis)』에는 메넥세노스의 사촌으로 등장하고 『파이돈(Phaidōn)』에는 소크라테스가 감옥에서 죽을 때 그 자리에 있었던 인물로 나온다. 이 대화편에서는 클레이니아스를 사랑하는 청년으로서 형제 소피스트에 맞서 논변을 펼치다가 오히려 그들의 기술을 배우는 인물로 그려진다. 소크라테스와 소피스트의 권유 논변이 대립각을 세우는 이 대화편의 구조에 따라서 클레이니아스와 크테십포스는 각기 소크라테스와 소피스트의 교육적 효과를 단적으로 보여 주는 인물들이다.

일러두기

- 번역 기준 판본으로는 버넷(J.Burnet)이 편집한 옥스퍼드 고전 텍스트(OCT) 플라톤 전집 3권(*Platonis Opera*, vol. III, 1903)을 사용했다.
- 번역문 좌우측 여백의 표시는 널리 확립된 이른바 '스테파누스'판 쪽수 및 단락 표시이다.
- 찾아보기에 있는 용어들은 본문에서만 뽑았다. 그리스어는 로마자로 표기했다.

에우튀데모스

에우튀데모스

소크라테스, 크리톤, 에우튀데모스, 디오뉘소도로스, 클레이니아스, 크테십포스

크리톤 소크라테스, 어제 자네가 뤼케이온급*에서¹ 대화를 나눈² 271a
사람은 누구였나? 정말 많은 무리가 자네들 일행을³ 둘러싸고 서
있는 통에 듣고 싶은 마음에 다가갔지만 나는 무엇 하나 똑똑하
게 들을 수가 없었네. 그래도 목을 빼고 보니 볼 수는 있었는데,
내가 보기에 자네가 대화를 나눈 사람은 외지인⁴ 같더군. 그 사
람이 누구였나?

소크라테스 크리톤, 대체 어느 쪽 사람을 묻는 거지? 외지인은
한 분이 아니라 두 분이었거든.

크리톤 내가 말하는 사람은 자네부터 쳐서 오른쪽으로 세 번째
에⁵ 앉아 있었네. 그건 그렇고 자네와 그 사람 사이에는 악시오   b

---

* 뤼케이온(Lykeion) : 아테네 성 밖의 남동쪽에 있는 체육관(귐나시온).

23

코스[6]의 아이[7]가 있더군. 내가 보기엔 정말 아주 많이 자란 것 같던걸, 소크라테스. 우리 애[8] 크리토불로스하고 별로 나이 차이도 안 나 보이고 말이지.[9] 도리어 크리토불로스는 말랐는데 클레이니아스는 숙성하고, 외모가 아름답고 훌륭하던[10] 걸.

소크라테스 크리톤, 자네가 묻는 분은 에우튀데모스란 분이고, 내 곁 왼편에 앉아 있던 분은 그분의 형제인 디오뉘소도로스란 분일세. 이분도 논의(말)[11]에 참여한다네.[12]

크리톤 나는 어느 쪽도 모르네, 소크라테스. 그 사람들은 신종(新種)[13] 소피스트[14]인 모양이군, 또,[15] 어디서들 왔는가?[16] 그리고

c 그들의 지혜[17]는 어떤 것인가?

소크라테스 내가 알기로 그분들이 태생은 이 근방에 있는 키오스[18] 분들인데, 투리오이로 이주했고,[19] 거기서 추방되어[20] 벌써 여러 해 동안 이 지역 근방에서[21] 지내고들 계시네. 그나저나 자네가 묻는 그 두 분의 지혜 말인데, 그것은 놀랍다네, 크리톤. 그 두 분이야말로[22] 전적으로 모든 것에 대해 지혜로운 분들이니, 전에는 팡크라티온 선수*가 무엇인지를 내가 몰랐던 거야. 이 두 분이 딱 만능 싸움패[23]니 말이야. 형제 팡크라티온 선수인 두 아

---

* 팡크라티온(pankration)은 눈을 찌르는 것과 물어뜯는 것을 제외한 모든 기술을 허용한 경기였다. 서서만 하는 방식과 쓰러져서도 경기를 계속했던 방식으로 나뉜다.

카르나니아 사람[24]하고는 차원이 다르지.[25] 저들 둘은 몸으로만   d
싸울 줄 알지만, 이 두 분은 우선 몸으로 싸우는 데 누구보다도
능할[26] 뿐만 아니라, (이 두 분은 중무장한 상태에서 싸우는 데 아
주 지혜로울 뿐만 아니라, 보수를 주기만 하면 다른 사람도 그렇게 만   272a
들 수 있기 때문일세.)[27] 더 나아가 법정 싸움에서 겨루는 데도 막
강하고 법정에 알맞은 논변(말)들을 구사하고 작성하는 법을 다
른 사람에게 가르치는 데[28]도 막강하거든. 그러니까 이전에는 이
두 분이 이것들에 능하기만 한 정도였지만, 이제는 팡크라티온
기술을 완성했다는 말이지. 이 두 분이 등한시했던 나머지 싸움
방식[29]을 이제는 달통해서 어느 누구도 결코 그 두 분을 대적할
수 없을 정도거든. 그 정도로 그 두 분은 논변(말)들로 싸우고 어   b
떤 주장이 제기되든 논박해 치우는 데 능하게 되었네. 그것이 거
짓이든 진실이든 상관없이 말이지. 그래서 말인데, 크리톤, 나는
두 분에게 내 자신을 맡길 작정이네. 그 두 분은 다른 누구라도
짧은 시간에 이 같은 것들에 능하게 만들 수 있다고까지 말씀하
시거든.

크리톤 뭐라고, 소크라테스? 자네 나이가 너무 많을까 걱정되지
않나?

소크라테스 전혀 아닐세, 크리톤. 걱정 안 해도 될 만큼 충분히
격려가 되는 증거를 내가 알고 있네. 바로 이 두 분이 노인이 거
의 다 되어서 내가 탐내는 이 지혜, 즉 쟁론술[30]을 시작했거든.

c   작년인가 재작년까지는 두 사람 중 누구도 쟁론술에 대하여 지
    혜롭지 않았네.[31] 다만 한 가지 내가 걱정하는 것은 이번에는 외
    지인 두 분이 또 나 때문에 망신을 당하시지나 않을까 하는 것일
    세. 메트로비오스의 아들로 키타라 연주자인 콘노스[32]가 나 때문
    에 망신을 당했듯이 말이야. 지금까지도 그는 나에게 키타라[33]
    연주를 가르치고 있네. 그래서 나와 같이 배우러 다니는 애들이
    그걸 보고는 나를 비웃을 뿐만 아니라 콘노스를 노인네의 선생
    이라고 부른단 말이지. 그래서 나는 누가 또 외지인 두 분에게
    같은 망신을 주지나 않을까 걱정되네. 혹시라도 그분들이 이 점
    을 걱정해서 나를 받아들이기를 꺼리실지도 모를 일일세. 그런
    데 크리톤, 저번에는* 내가 나보다 나이든 다른 분들께 나와 학우
d   가 되어 같이 배우러 다니자고 설득했었지만, 이번엔 다른 사람
    들을 설득해 보려네. 자네도 같이 배우러 다니지 않겠는가? 그
    두 분을 위한 미끼[34]로 자네 아들들을 데려가세. 그분들이 자네
    아들들을 노려서 우리도 가르쳐 줄 것이 확실하거든.

크리톤   소크라테스, 자네 생각이 그렇다면야, 안될 건 없지. 그
    런데 우선 그 두 사람의 지혜가 무엇인지를 내게 자세히 이야기
    해 주게. 대체 우리가 뭘 배우게 될지 내가 알 수 있게 말이야.

소크라테스   곧바로 듣게 될 걸세. 내가 그 두 분에게 신경 쓰지

---

*   콘노스에게 키타라를 배우러 갈 때.

않았다는 듯이 말할 수 없을 뿐만 아니라 신경도 무척 썼고 기억
도 하고 있으며, 자네에게 모든 것을 처음부터 자세하게 이야기
해 보고자 하니 말이지. 어떤 신의 가호로[35] 그때 마침 나는 자   e
네가 나를 본 바로 그 탈의실[36]에 혼자 앉아 있었는데, 막 일어
나 가려고 마음먹은 참이었지. 그런데 내가 일어나자 익숙한, 신
령스러운 신호[37]가 나타났네. 그래서 나는 다시 앉았고, 조금 뒤   273a
에 그 두 분, 에우튀데모스와 디오뉘소도로스가 들어왔고, 그런
가 하면 제자로 보이는 다른 많은 사람들도 같이 들어 왔네. 그
두 분은 들어와 지붕 덮인 주랑(柱廊)[38]을 거닐었네.[39] 그리고 그
두 분이 주랑을 채 두세 번을 오가지 않아서 클레이니아스가 들
어왔네. 그가 아주 많이 자랐다고 자네가 말했는데, 그건 맞는 말
일세. 그런데 뒤이어 그를 사랑하는 사람들[40]인 크테십포스를 비
롯한 아주 많은 사람들이 들어왔네. 크테십포스는 파이아니아* 구
(區)[41]의 젊은이[42]로 젊은 탓에 건방지다[43]는 점만 빼면 자질이 아
주 아름답고 훌륭하지. 아무튼 그리하여 클레이니아스가 내가   b
혼자 앉아 있는 것을 입구에서 보고는 곧장 다가와서, 자네도 말
했듯이 오른쪽에 앉았네. 그런데 디오뉘소도로스와 에우튀데모
스가 그를 보고는 우선 멈춰 서서 서로 이야기를 주고받으며 우
리 쪽을 이따금씩 쳐다봤네(내가 그 두 분에게 아주 신경 쓰고 있었

* 아테네 시내 동쪽에 있던 행정 구역의 이름.

거든). 그러다가 그 두 분 중 한 분인 에우튀데모스가 그 아이 옆에 와서 앉았고 남은 분은 내 왼쪽에 와 앉았으며, 그 외의 사람들은 각자 되는 대로 앉았네.

c 그래서 나는 오랜만에 뵙는 터라 그 두 분에게 반갑게 인사를 건넸네. 그다음에 나는 클레이니아스를 보고 말했네. "클레이니아스, 이 두 분 에우튀데모스와 디오뉘소도로스는 알다시피 사소한 것들이 아니라 대단한 것들에 지혜로운 분들이지. 두 분은 장차 훌륭한 장군이 되려는 사람이 알아야 할 전쟁에 관한 모든 것, 즉 군대의 배치와 통솔에 대해서 뿐만 아니라 중무장 전투 기술을 가르치기 위해 필요한 모든 것[44]까지 알고 계시거든. 더구나 이 두 분은 누군가 억울한 일을 당하는 경우에는, 법정에서 스스로를 도울 수 있게 해 줄 수도 있지."[45]

d 이 말을 하고서 나는 그 두 분에게서 비웃음을 샀네. 어쨌거나[46] 두 분 다 웃으면서 서로를 쳐다보았으니 말이야. 그리고 에우튀데모스가 말했네. "소크라테스, 그런 일은 이제 우리가 부업 삼아 하는 일일 뿐이지 더 이상 전념해서 하는 일이 아닙니다."[47]

나는 놀라서 말했네. "그런 대단한 일(것)[48]들이 당신들께 부업이라면 당신들의 본업은 아마도 아름다운 것이겠군요. 부디 내게 그 아름다운 것이 무엇인지 말씀들 해 주십시오."

"소크라테스, 우리는 덕[49]을 누구보다 아름답고 빠르게 전수할 수 있다고 생각하지요." 그분이 말했네.

"세상에, 정말 대단한 일(것)을 말씀하시는군요." 내가 말했네.   e
"두 분은 어디서 그런 횡재를 하셨습니까? 방금 말한 대로 나는
두 분이 주로 중무장 전투 기술에 능하다고 지금껏 생각해 왔고,
두 분에 대해 그렇게 이야기하곤 했습니다. 전에 이 나라에 들르
셨을 때, 두 분이 그 점을 공언[50]하셨던 것으로 내가 기억하기 때
문입니다. 그런데 지금 두 분이 정말로 그 앎[51]을 가지셨다면, 자
비롭게 봐 주십시오. (이전에 내가 한 말을 용서받고자 그야말로 두   274a
신께 말씀드리듯 두 분께 말씀드리는 겁니다.)[52] 그렇지만 에우튀데
모스와 디오뉘소도로스여, 두 분의 말씀이 사실인지를 확인시켜
주셨으면 합니다. 두 분이 하신 공언이 워낙 엄청나서 믿기지 않
는다고 해도 전혀 이상할 게 없으니까요."

"하지만, 소크라테스, 그건 사실이라고 알아 두어도 좋습니
다."[53] 그 두 분이 말했네.[54]

"그것이 사실이라면 나로서는 대왕[55]이 제국을 가진 것보다 당
신들이 이 지혜를 가진 것이 훨씬 더 축복받은 일이라고 봅니다.
하지만 두 분이 이 지혜를 입증해 보이실[56] 생각이신지, 아니면
두 분이 정해 놓은 어떤 계획이 있는지 정도는 말씀해 주시죠."

"소크라테스, 바로 그럴 목적으로 우리가 와 있는 것입니다.   b
누구든 배우기를 원하는 사람이 있으면, 공개적으로 시범을 보
이고 가르치려고 말이죠."

"하지만 그 지혜를 가지고 있지 않은 사람이라면 누구나 원하

리라는 것은 내가 당신들께 보증합니다. 우선 내가 그렇고, 그다음에는 여기 있는 클레이니아스가 그러며, 우리뿐만 아니라 여기 있는 크테십포스와 다른 사람들도 그렇습니다." 나는 에우튀데모스에게 클레이니아스를 사랑하는 자들을 가리키며 말했네. 벌써부터 그들은 우리를 둘러싸고 서 있었지. 왜냐하면 크테십포스가 클레이니아스에게서 멀찌감치 떨어져 앉아 있다가, (보아하니 에우튀데모스는 나와 대화를 나누느라 몸을 앞으로 숙이고 있던

c 상태였고 클레이니아스는 우리 중간에 있었기 때문에, 에우튀데모스가 크테십포스의 시선을 가리고 있었네.) 자기가 사랑하는 소년*,[57]의 얼굴을 보고 싶기도 하고 논의를 듣는 것도 좋아하는 터라 벌떡 일어나서 바로 우리 맞은편에 제일 먼저 다가섰고, 그렇게 해서 크테십포스가 하는 것을 보고서 클레이니아스를 사랑하는 다른 사람들과 에우튀데모스와 디오뉘소도로스의 추종자들도 같은 식으로 우리를 둘러싸고 섰기 때문이지. 그래 나는 이들을 에우튀데모스에게 가리켜 보이며 다들 배울 준비가 되어 있는 것

d 같다고 말했네. 그러자 크테십포스가 아주 적극적으로 찬성했으며 다른 사람들 역시 그랬네. 그리고 모두가 다 두 분이 공동으로 그 지혜의 능력을 입증해 보여 달라고 부탁했네.

　　그래서 내가 말했네. "에우튀데모스와 디오뉘소도로스, 그럼

---

*　클레이니아스

최선의 최선을 다해서 이 사람들도 기쁘게 해주시고 나를 위해
서도 입증해 보여 주십시오. 전반적인 것을 다 입증해 보이는 것
은 분명 간단한 일이 아닐 테고, 두 분은 내게 이것을 말씀해 주
시죠.[58] 두 분은 당신들로부터 배워야 한다고 이미 납득한 사람
만을 좋게 만들 수 있습니까, 아니면 대개 덕이라는 대상(것)은   e
배울 수 있는 것이 아니라거나[59] 두 분이 그것의 선생이 아니라
고 생각하기 때문에 아직 그 사실*을 납득하지 못한 사람도 그렇
게 만드실 수 있습니까? 자, 그런 상태에 있는 사람도** 설득해서
덕이 가르쳐질 수 있을 뿐만 아니라, 그가 누구든, 그가 그것을
가장 훌륭하게 배울 수 있는 분들은 여기 있는 당신들에게서라
는 점을 믿게끔 하는 것은 동일한 기술[60]의 일입니까, 아니면 다
른 기술의 일입니까?"

"그야 물론 동일한 이 기술의 일이죠. 소크라테스." 디오뉘소
도로스가 말했네.

"디오뉘소도로스, 그러면 요즘 사람들 중에서는 당신들 두 분   275a
이 지혜를 사랑하고 덕을 돌보라고[61] 가장 아름답게 권유하실[62]
수 있습니까?" 내가 말했네.

"우리 생각이 바로 그겁니다. 소크라테스."

---

* 두 형제 소피스트로부터 배워야 한다는 사실.

** 덕이 배울 수 있거나 두 사람이 그것의 선생이라는 것을 납득하지 못한 사람.

"그러면 우리를 위한 다른 것들의 입증은 다음으로 미루시고 두 분은 바로 그것을 입증해 보여 주십시오." 내가 말했네. "여기 이 젊은이에게 지혜를 사랑해야 하고 덕을 돌보아야 한다고 설득해 주십시오. 그것은 곧 두 분이 나와 여기 있는 모두를 다 같이 기쁘게 해 주시는 일이 되기도 할 것입니다. 이 아이는 그럴 만한 자격을 갖추고 있습니다.* 나와 여기 있는 사람들은 모두 다 같이 그가 가능한 한 가장 훌륭해지기를 바라고 있기 때문이죠. 이 사람의 할아버님은 돌아가신 알키비아데스 님이시고, 아버님 b 은 악시오코스이며, 이 사람 본인은 현재 살아 있는 알키비아데스의 친사촌이죠. 이름은 클레이니아스라고 합니다.** 이 사람은 젊습니다. 그래서 우리는 젊은이에 대해 흔히 그러듯이 그를 걱정하고 있습니다. 누가 우리보다 먼저 그의 생각을 다른 어떤 관심사[63]로 돌려 그를 망치지나 않을까 해서지요. 그러고 보니 두 분은 가장 알맞은 때에 오셨습니다. 괜찮으시다면, 두 분이 이 아이를 시험하시고 우리 앞에서 대화를 나누어 주십시오."

이렇게 해서 지금 내가 자네에게 한 말과 거의 같은 말을 하고 나자, 에우튀데모스는 용기 있고 용감하게[64] 말했네. "아니오 소 c 크라테스, 전혀 상관없습니다. 그 젊은이가 대답하려고 하기만

---

* 클레이니아스를 설득하는 일이 자신들을 기쁘게 하는 일이 되는 이유.
** 클레이니아스와 알키비아데스의 가족 관계에 대해서는 주석 6) 참고.

한다면[65] 말이지요."

"사실 그거라면 그는 이력이 나 있기도 합니다." 내가 말했네. "여기 있는 사람들이 자주 그에게 다가가 많은 것을 묻기도 하고 대화를 나누기도 하기 때문에 그는 대답하는 데 아주 용감하거든요."

크리톤, 이제 그 이후의 것들을 어떻게 하면 자네에게 제대로 이야기할 수 있을까? 그토록 한량할 길 없는 지혜를 상세하게 되살려 내는 일은 간단하질 않아서 말이야. 그래서 나로서는 시인들이 하듯이, 이야기를 시작하면서 무사 여신들*과 므네모쉬네 여신**을 불러 모셔야 할 지경일세. 아무튼 내가 알기로 에우튀데모스는 여기쯤에서 시작했네. "클레이니아스, 배우는 사람들은 어느 쪽 사람들인가? 지혜로운 사람들인가 무지한[66] 사람들인가?"[67]   d

그러자 그 아이는 질문이 엄청났기 때문에[68] 얼굴이 벌게지고 당황해서 나를 바라보았네. 그러자 나는 그가 벙벙해 있는 것을 알아보고서 말했네. "용감하게 하게, 클레이니아스. 그리고 자네에게 어느 쪽이 그렇게 보이는지를 용기 있게 대답하게. 그분이 자네에게 대단히 큰 이로움을 주실 모양이니 말이지."   e

---

*   예술과 학문을 관장하는 일곱 여신들.
** 기억을 관장하는 기억의 여신으로 제우스와 동침한 뒤 무사 여신들을 낳았다.

그때 디오뉘소도로스가 만면에 웃음을 띠며 내게 몸을 기울여 귀에 대고 속삭였네. "소크라테스, 저 아이가 어느 쪽으로 대답하든 논박되리라는 것을 당신에게 미리 말해 두지요."

276a 그리고 그가 이 말을 하는 사이에 때마침 클레이니아스가 대답을 해 버렸기 때문에 나는 그 아이에게 주의하라고 일러 줄 수가 없었고, 클레이니아스는 지혜로운 자들이 배우는 자들일 거라고 대답했네.

그러자 에우튀데모스가 말했네. "그런데 자네는 누군가를 선생이라고 부르지? 그렇지 않은가?" 그렇게 부른다는 데 클레이니아스가 동의했네. "그러면 선생들이란 배우는 자들의 선생이 아닌가? 모르긴 몰라도 키타라 전문가와 글 전문가[69]가 자네들이 학생이었을 때 자네와 다른 아이들의 선생들이었듯이 말이지." 그가 동의했네. "그러면 자네들이 배울 당시에는 자네들이 배우는 것들을 아직 알지 못하고 있었겠지?" "그렇습니다." 그

b 가 말했네. "그러면 자네들이 그것들을 알지 못했을 때, 자네들은 지혜로웠는가?" "결코 아닙니다." 그가 말했네. "지혜롭지 않았다면 무지했겠지?" "물론입니다" "그러면 알지 못하고 있던 것을 배웠으니 자네들은 무지한 상태에서 배웠군." 그 아이는 끄덕였네. "클레이니아스, 그러니 자네가 생각한 것과는 달리 무지한 사람들이 배우는군. 지혜로운 사람들이 아니라 말이지."

그분이 이 말을 하자, 마치 가무단이 선생*에게서 신호를 받았
을 때처럼 디오뉘소도로스와 에우튀데모스를 따르는 자들은 다   c
같이 환호성을 치며 웃어 댔네. 그리고 그 아이가 제대로 숨을
돌리기도 전에 디오뉘소도로스가 이어서 말했네. "클레이니아
스, 어때? 자네들에게 글 전문가가 음송해 줄 때마다** 그것을 배
운 아이들은 어느 쪽이었는가? 지혜로운 쪽이었는가, 무지한 쪽
이었는가?" "지혜로운 쪽이었습니다." 클레이니아스가 말했네.
"그러니 무지한 사람들이 아니라 지혜로운 사람들이 배우는 것
이고, 자네는 좀 전에 에우튀데모스에게 대답을 잘 한 것이 못
되는군."

바로 그때 그 두 분을 사랑하는 자들은 두 분의 지혜에 경탄하   d
여 아주 크게 웃으며 환호성을 쳤네. 그러나 나머지 우리는 어안
이 벙벙해서 잠자코 있었네. 에우튀데모스는 우리가 어안이 벙
벙해 있는 것을 알고 자신에게 더욱더 놀라워하라고 그 아이를
놓아주지 않고 질문을 해 댔네. 그것도 마치 좋은 무용가들처럼

---

* '선생'으로 번역한 'didaskalos'는 일반적인 선생뿐만 아니라 그 자체로 그리
  스의 연극 등에 배우들과 같이 나오는 가무단의 지휘자(선생)라는 뜻도 가지
  고 있다.

** 그리스에서는 글을 가르치는 선생이 학생들에게 자신이 암기하고 있는 글귀
   를 암송하면 학생들이 듣고 이해하고, 받아 적거나 따라 외우는 형태의 수업
   이 진행되었다. 폴룩스 『어휘집(Onomastikon)』 2권 102절 참고.

동일한 것*과 관련해서 질문을 이중으로 틀어서[70] 했네.** '배우는 사람들은 그가 아는 것을 배우는지 아니면 알지 못하는 것을 배우는지'를 그분이 물었단 말일세.

e　　그리고 디오뉘소도로스는 다시 내게 나지막하게 속삭였네. "이것도 이전과 같은 종류의 또 다른 것이지요."

"맙소사, 정말이지 이전 것도 분명 우리가 보기에는 좋은 질문이 틀림없었는데요." 내가 말했네.

"우리가 묻는 것들은 모두 이처럼 벗어날 길 없는 물음들이죠." 그분이 말했네.

"내가 보기에는 바로 그래서 당신들이 학생들 사이에서 명성이 자자한 것 같군요." 내가 말했네.

그 사이에 클레이니아스는 배우는 사람들은 알지 못하는 것을 277a 배운다고 에우튀데모스에게 대답했네. 에우튀데모스는 이전과 같은 방식으로 그에게 물었네. "어때? 자네는 글자들을 알지 않나?"[71] "예." 그가 말했네. "전부 다 알지?" 그가 동의했네. "그러면 누군가가 무엇인가를 음송할 때면, 그는 언제나 글자들을 음송하지 않는가?" 그가 동의했네. "자네가 전부 안다면, 그는 자네가 아는 것들 중의 어떤 것을 음송하지 않겠는가?" 그것도 그

---

*　'앎이 불가능하다'는 것.

**　말을 꼬아서 했다는 뜻이다.

가 동의했네. "어때? 누군가가 음송하는 것들을 배우는 사람은 자네가 아니고 글자들을 모르는 사람들인가?" 그분이 말했네. "아닙니다. 제가 배웁니다." 그가 말했네. "그러면 자네가 모든 글자를 알고 있는 한 자네는 자네가 아는 것들을 배우는군." 그 b 분이 말했네. 그가 동의했네. "그러고 보니 자네는 대답을 잘 한 것이 못 되는군." 그분이 말했네.

이런 말들을 에우튀데모스가 채 다 말하기도 전에, 디오뉘소 도로스가 공처럼 논의(말)를 넘겨받아 다시 그 아이를 겨냥하고 말했네. "클레이니아스, 에우튀데모스는 자네를 속여 넘기고 있 어. 나한테 말해 보게. 배운다는 것이 누군가가 배울 것에 대한 앎을 받아들이는 것인가 아닌가?" 클레이니아스는 받아들이는 것이라는 데 동의했네. 그분이 말했네. "안다는 것은 다름 아니 라 앎을 가지고 있다는 것이겠지?" 그가 동의했네. "그러면 알지 못한다는 것은 아직 앎을 갖고 있지 않다는 것이겠고?" 그분에 c 게 그가 동의했네. "그러면 무엇인가를 받아들이는 사람은 그것 이 무엇이든 그것을 이미 가지고 있는 사람인가 가지고 있지 않 은 사람인가?" "가지고 있지 않은 사람입니다." "그러면 가지고 있지 않은 사람들에 알지 못하는 사람들도 속한다고 자네가 동 의한 셈이 아닌가?" 그가 끄덕였네. "그러면 배우는 사람들은 받 아들이는 사람들에 속하고, 가지고 있는 사람들에는 속하지 않 겠지?" 그가 인정했네. "클레이니아스, 그러니 아는 사람이 아니라 알지 못하는 사람이 배우는 것일세." 그분이 말했네.

d 계속해서 에우튀데모스가 그 젊은이를 레슬링에서처럼 세 번째로 엎어치려고 달려들고 있던[72] 차에, 나는 그 아이가 물에 빠져 가는 것을 알아채고[73] 숨을 좀 돌리게 해 주고 싶어서 우리한테 주눅 들지 않도록 용기를 북돋아 주는 말을 했네. "클레이니아스, 자네에게 그 논변(말)들이 낯설어 보인다고 놀라지 말게. 그건 아마 외지인 두 분이 자네에게 하고 있는 것이 어떤 성격의 것인지 자네가 깨닫지 못해서 그럴 걸세. 두 분은 입교식에서 코뤼바스들[74]이 막 입교시키려는 사람을 왕좌에 앉힐 때[75] 하는 것과 똑같은 것을 하고 계시네. 혹시 자네도 입교식을 마쳤다면 알겠지만 그 자리에도 어떤 가무와 놀이가 있기 때문이지.[76] 그러

e 니 지금 이 두 분은 다름 아니라 자네 주위에서 가무하고, 말하자면 춤추며 놀이하고 계시는 것일세. 그 후에 입교식을 치르기 위해서 말이지. 그러니 이제 소피스트 의식의 첫 번째 것들을 듣는다고 생각하게. 사실 프로디코스[77]가 말하듯이 처음에는 이름들의 올바름에 대하여 배워야 하기 때문일세. 외지인 두 분이 자네에게 밝혀 보여 주는 것도 이와 다른 것이 아닐세. 누군가가

278a 처음에는 어떤 대상(것)에 대하여 아무런 앎도 갖고 있지 않다가 나중에 그것에 대한 앎을 받아들일 때, 사람들은 그 상황에도 '배우다'라는 이름을 붙여 부르지만, 이미 앎을 갖고 나서 동일한 대상(것)을 (그것은 행위일 수도 있고 말일 수도 있네) 이 앎을 가지고

헤아릴 때에도[78] 같은 이름을 붙여 부른다는 것을(그 경우에 사람들이 '배우다'라고 부를 때보다는 오히려 '이해하다'라고 부를 때가 더 많긴 하지만, 때로는 '배우다'라고도 부르지), 자네가 깨닫지 못하고 있었다는 사실을 두 분이 밝혀 보여 주고 있는 것이지. 그런데 자네는 이분들이 밝혀 보여 주고 있듯이 반대되는 상태에 있는 사람들에게, 즉 아는 사람과 알지 못하는 사람들에게 같은 이름이 주어져 있다는 점을 간과했네. 사람들이 아는 것을 배우는지 알지 못하는 것을 배우는지를 자네에게 물었던 이분들의 두 번째 질문[79]에 있는 것도 이와 비슷한 것일세. 바로 이것들이 배움들 중에서 놀이에 해당하는 배움이지. 그 때문에 나 역시 자네에게 이분들이 놀이하고 있다고 말하는 걸세. 그런데 내가 놀이라고 말하는 이유는 이런 걸세. 누군가가 그런 종류의 것들을 많이, 또는 전부를 배우더라도 사물(것)들이 어떠한지는 전혀 알지 못하겠지만, 이름들의 차이를 통해서 딴죽 걸고 넘어뜨리는 장난을 사람들에게 칠 수는 있을 것[80]이라는 말이지.[81] 마치 막 앉으려는 사람들의 의자를 밑에서 빼고서는 그들이 나자빠지는 것을 볼 때마다 즐거워하며 웃는 사람들처럼 말이야. 그러니 우선 이런 것들은 이분들이 자네에게 건 장난이라고 생각하게. 하지만 이것들 다음으로는 이 두 분들은 몸소 자네에게 진지한 것들을 밝혀 보여 주실 것임이 분명하네. 그리고 내가 두 분의 앞장을 서겠네. 두 분이 내게 약속하신 것을 갚으실 수 있게 말이지.

권유하는 지혜를 두 분이 보여 주신다고 하셨거든. 좀 전에는 두 분이 자네를 상대로 먼저 장난을 쳐 봐야겠다고 생각하신 것 같

d 아. 에우튀데모스와 디오뉘소도로스, 그럼 당신들 두 분은 이걸로 장난은 그만하시죠. 이 정도면 아마 충분할 겁니다. 그러고 그 다음 것을 입증해 보여 주셔서 이 아이가 지혜와 덕을 돌봐야만 한다고 권유해 주십시오. 그런데 그러시기 전에 내가 그것이 어떠한 것이라고 이해하고 있으며, 어떠한 것을 듣고 싶어 하는지를 두 분께 밝혀 보이겠습니다. 그러니 당신들이 보기에 내가 하는 것이 어설플 뿐만 아니라 우스꽝스러워 보일지라도 나를 비웃지는 말아 주십시오. 나는 당신들의 지혜를 듣고 싶은 열망 때문에 당신들 앞에서 즉흥적으로 말을 하는 모험을 무릅쓰려고

e 하니까요. 그러니까 당신들 자신뿐만 아니라 당신들의 제자들도 웃지 말고 참고 들어 주시고, 악시오코스의 아들이여, 자네는 내게 대답하게.

　자, 우리 사람들은 모두 다 잘 살고[82] 싶어 할까? 그게 아니면 이 질문은 방금 내가 걱정했던 우스꽝스러운 것 중 하나일까? 그런 것들은 묻는 것부터가 멍청한 짓일 수 있거든. 사실 잘 살고 싶지 않은 사람이 누가 있겠는가?" "아무도 그런 사람은 없습니

279a 다." 클레이니아스가 말했네. "좋아." 내가 말했네. "그러면 그 다음이 문젠데. 우리가 잘 살기를 원한다고 하니 말인데, 어떻게 하면 우리가 잘 살 수 있을까? 좋은 것이 우리에게 많이 있으면

그럴까? 아니면 이번 질문은 저번 것보다 훨씬 더 어리석은 것일까? 이것 역시 분명한 사실 같아서 말이지." 그가 동의했네. "자, 그런데 있는 것들 중 어떤 것들이 우리에게 좋은 것들인가? 그게 아니면 이것은 어려운 질문도 아니고 비범한 사람이라야 제대로 답을 줄 수 있는 것도 전혀 아닌 것 같은가? 부유하게 사는 것이 좋다고 누구나 우리에게 말할 테니 말이지. 그런가?" "물론입니다." 그가 말했네. "그러면 건강하게 사는 것과 아름답게 사는 것 b 을 비롯해서 몸에 관한 그 밖의 것들을 풍족하게 갖추는 것도 그렇지 않은가?" 그가 동의했네. "그것들도 그렇지만 좋은 가문과 제 나라에서 누리는 권력과 영예 역시 분명 좋은 것들이지." 그가 동의했네. "그러면 아직 우리에게 남아 있는* 것들 중에서 좋은 것은 무엇이지?" 내가 물었네. "절제 있게 사는 것과 정의롭게 사는 것과 용기 있게 사는 것은 어떤가? 클레이니아스, 잘 생각해 보게. 자네는 우리가 이것들을 좋은 것들로 놓는 것이 옳게 놓는 것이라 생각하는가, 놓지 않는 것이 옳게 놓는 것이라고 생각하는가? 누군가가 우리와 논쟁을 벌일지도 몰라서 하는 질문일세. 자네에게는 어떻게 생각되는가?" "좋은 것들입니다." 클레이니아스가 대답했네. "좋아." 내가 말했네. "그런데 지혜는 가 c

---

* 아직 살펴보지 않았고 좋은 것들 쪽에 옮겨 놓지 않은 것들.

무단의 어디에 배치할까?* 좋은 것들에다 배치할까? 다른 생각이 있는가?" "좋은 것들에다 해야지요." "좋은 것들 중 말할 만한 가치가 있는 것은 어느 하나라도 남겨 두지 않도록 제발 주의하게나." "제가 보기에 우리는 아무것도 남겨 두지 않았습니다." 클레이니아스가 말했네. 그러자 나는 기억이 떠오르는 게 있어서, "세상에, 우리는 좋은 것들 중에서도 가장 중요한 것조차 남겨 둘 위기에 처해 있네."라고 말했네. "그것이 무엇입니까?" 그가 말했네. "클레이니아스, 행운[83]일세. 좋은 것들 중 가장 중요한 것이라고 누구나 말하고, 심지어 아주 하찮은 사람들도 말하는 것 말일세." "맞는 말씀이십니다." 그가 말했네. 그러고 나서 나는 다시 한 번 돌이켜 생각해 보고는,[84] "악시오코스의 아들이여, 나나 자네나 외지인들에게 웃음거리가 된 거나 진배없군."이라고 말했네. "그게 무슨 말씀이시죠?" 그가 말했네. "앞의 것들에 이미 행운을 넣고서는 지금 다시 같은 것에 대해 말하고 있었기 때문일세." "그게 무슨 말씀입니까?" "이전에 제시한 것을 다시 앞에 내놓고 같은 말을 두 번 하는 것은 분명 우스운 일이 맞을 걸세." "무슨 뜻으로 하시는 말씀입니까?" "지혜는 행운인 것

d

---

* 그리스 연극에서 가무단은 세 줄로 늘어섰는데, 맨 앞줄부터 잘하는 순서대로 섰다고 한다. 따라서 맨 앞줄은 좋은 것들, 그다음 줄은 좋지도 나쁘지도 않은 것들, 맨 나중 줄은 나쁜 것들이 자리한다고 보면 되겠다.

이 분명할 걸세. 아마 애라도 그건 알거야."[85] 내가 말했네. 그는 놀라더군. 그렇게 그는 아직 어리고 순진하다네. 나는 그가 놀라는 것을 알고 말했지. "아울로스[86] 곡을 잘함과 관련해서 아울로스 연주가가 가장 운이 좋다는 것[87]을 자네가 모르지는 않겠지?" 그가 안다고 동의했네. 내가 말했네. "그러면 글자를 쓰기나 읽기와 관련해서는 글 전문가 또한 그렇겠지?" "물론입니다." "자네는 바다의 위험과 관련하여 지혜로운 선장[88]보다 운 좋은 사람이 있다고 생각하지는 않겠지? 일반적으로 말해서 말이야." "정말 그렇습니다." "어때? 전쟁에 나갈 때, 자네는 지혜로운 장군과 무지한 장군 중에서 어느 쪽과 함께 위험과 운을 기꺼이 나누겠는가?" "지혜로운 장군과 함께요." "어때? 아플 때 자네는 지혜로운 의사와 무지한 의사 중에서 어느 쪽과 함께 기꺼이 위험을 무릅쓰겠는가?" "지혜로운 의사와 함께요." "그렇다면 그건 자네가 무지한 사람보다는 지혜로운 사람과 함께 살 때 더 운 좋게 살리라고 생각하기 때문이 아닌가?" 그가 동의했네. "그러고 보니 지혜는 어디서나 사람들을 운이 좋아지게 만드는군. 내 생각에 확실히 그 이유는 지혜가 조금이라도 실수하는 법이 없고, 옳게 행하고[89] 적중할 수밖에 없기 때문일세. 그렇지 않으면 그것은 더 이상 지혜가 아닐 테니 말이야.

결국 우리는 사정이 대략 다음과 같다는 것, 즉 지혜가 자리할[90] 때, 지혜가 자리하는 사람에게는 결코 행운이 별도로 필요하지 않다는 것에 (어떻게 해서 그랬는지는 모르겠지만) 동의했네. 그런데 우리가 그것에 동의하고 나서, 나는 앞서 동의했던 것들이 우리에게 어떤 결과를 가져올지를 그에게 다시 물었네. "우리에게 좋은 것들이 많이 자리하고 있다면 우리는 행복해지고 잘 살 것이라는 데 우리는 동의했네." 내가 말했네. 그가 동의했네. "그러면 좋은 것들이 자리함으로 해서 우리가 행복해지는 경우는, 그것들이 우리에게 전혀 이롭지 않은 경우인가 이로운 경우인가?"

c "이로운 경우지요." 그가 말했네. "그러면 그것이 우리에게 있기만 하고 우리가 그것들을 사용하지[91] 않는다면 이로울 게 뭐가 있을까?[92] 예컨대 만약 우리에게 먹을 것이 많은데, 먹지 않는다

d 면, 또는 마실 것을 마시지 않는다면 우리가 얻을 수 있는 이로움이 조금이라도 있겠는가?" "전혀 없습니다." 그가 말했네. "어때? 만약 모든 장인(匠人)에게 제 자신의 일을 위해서 각각의 일에 알맞게 마련된 필요한 모든 것이 있는데, 그것들을 사용하지 않는다면, 그들은 장인이 획득해야[93] 할 모든 것을 획득했다고 해서 그 획득으로 말미암아 잘 살 수 있을까? 예를 들어 충분한 도구와 목재가 마련되어 있다 해도 목수들이 목공일을 하지 않는다면 그 획득으로부터 우리가 얻을 수 있는 이로움이 조금이라도 있겠는가?" "전혀요." 그가 말했네. "어때? 만약 어떤 사람이 부와 방금 우리가 말한 모든 좋은 것을 획득했지만 그것들을 사용하지 않는다면 그는 그 좋은 것들을 획득함으로 해서 행

복하겠는가?" "전혀 아닙니다, 소크라테스." "그러므로 행복하고자 하는 자는 이와 같은 좋은 것들을 획득해야 할 뿐만 아니라 그것들을 사용하기도 해야 할 듯하네. 안 그러면 그 획득의 이로움이 전혀 생기지 않기 때문일세." 내가 말했네. "맞는 말씀이십니다." "클레이니아스, 그러므로 누군가를 행복하게 만들기 위해서는 이것, 즉 좋은 것들을 획득하고 그것들을 사용하는 것으로써 비로소 충분한가?" "제가 보기로는 그렇습니다." "누군가가 옳게 사용할 때인가, 아니면 옳게 사용하지 못할 때인가?" 내가 말했네. "옳게 사용할 때죠." "참으로 잘 말했네." 내가 말했네. "내 생각에 그 이유는 어떤 사물(것)이든 옳게 사용하지 않는 경우에는 내버려 두었을 때보다 더 많은 좋지 않은 것이 있을 것이기 때문일세. 한쪽 경우에는 나쁜 것이, 다른 쪽 경우에는 좋지도 나쁘지도 않은 것이 있을 것이기 때문일세. 아니면 우리는 그렇게 말 안 하는가?" 그는 그렇게 말한다는 데 동의했네. "그러면 어떤가? 목재에 관련한 작업이나 사용에서 옳게 사용할 수 있게 하는 것은 목수의 앎 말고 다른 어떤 것이 아니겠지?" "물론 그렇습니다." 그가 말했네. "도구에 관한 작업*에서조차도 '옳게 사용하는 것'을 이루어 내는 것은 앎이겠지?" 그가 동의했네. "그러면 우리가 앞에서 좋은 것들이라고 이야기한 부와 건강과 아

e

281a

---

* 물건을 만들기 위한 작업 도구를 만드는 작업.

름다움*의 사용과 관련해서도, 역시 이와 같은 것들 모두를 옳게
b 사용하는 것은 그 행동을 이끌고 옳게 바로잡는 것인 앎이겠는
가, 아니면 다른 어떤 것이겠는가?" 내가 말했네. "앎입니다." 그
가 말했네. "그러므로 앎은 모든 획득과 행동의 경우에 행운뿐만
아니라 잘함도 인간에게 제공하는 듯하네." 그는 동의했네. "그
러면 잘 생각해 보게. 그 밖의 다른 획득물들 중에 분별과 지혜
없이 이로움을 줄 것이 무엇이 있겠는가?" 내가 말했네. "지성
이 없을 경우에 많은 것을 획득하고 많은 것을 행하는 사람이 이
로움을 보겠는가, 더 적은 것을 획득하고 덜 행하는 사람이 이득
c 을 보겠는가? 이렇게 따져 보게. 덜 행하는 사람은 덜 잘못하고,
덜 잘못하는 사람은 덜 나쁘게 행할 것이고, 덜 나쁘게 행하는 사
람은 덜 불행하지 않겠는가?" "물론입니다." 그가 말했네. "그러
면 가난할 때와 부유할 때 중 어느 때 한결 더 적게 행하겠는가?"
"가난할 때입니다." 그가 말했네. "병들었을 때와 건강할 때 중
에는?" "병들었을 때입니다" "명예로운 자리에 있을 때인가 불명
예스러운 자리에 있을 때인가?" "불명예스러운 자리에 있을 때
입니다." "용기 있고 절제 있을[94] 때와 겁먹었을 때 중 어느 쪽이
덜 행하는가?" "겁먹었을 때입니다." "그렇다면 부지런할 때보다
는 게으를 때 더욱 그렇겠지?" 그는 동의했네. "그리고 빠를 때

---

* 여기서는 육체의 아름다움에 한정된 뜻이다.

보다는 느릴 때, 예리하게보다는 무디게 보고 들을 때 더욱 그렇   d
겠지?" 이와 같은 모든 것에 우리는 서로 동의했네. "클레이니아
스, 요약하자면 우리가 처음에 좋은 것이라고 말했던 모든 것은
이런 것 같군. 그것들에 대한 설명(말)은 그것들이 그 자체로 본
성상 좋다는 것과 관련된 것이 아니라 다음과 같은 것이 될 듯하
네. 만약 그것들을 무지가 인도하는 경우에는 나쁜 인도자에 더
잘 봉사할 능력이 많으면 많을수록, 그것들은 반대되는 것들보다
더욱더 큰 나쁜 것이 될 것이고, 분별과 지혜가 인도한다면 더욱
더 큰 좋은 것들이 되겠지만, 그것들 중에는 그 자체로 가치가 있   e
는 것이 아무것도 없다는 말일세." "제 생각에는 선생님이 말씀
하시는 그대로인 것 같습니다." 그가 말했네. "그러면 지금까지
우리가 말했던 것들로부터 어떤 결론이 나오는가? 지혜와 무지
말고 다른 것들은 어느 것이든 좋지도 나쁘지도 않지만, 이 둘 중
지혜는 좋고 무지는 나쁘다는 것 아니겠나?" 그가 동의했네.

  "남은 것을 계속해서 살펴보세. 우리 모두는 행복하기를 염원   282a
했고, 사물(것)들을 사용할 뿐 아니라 옳게 사용함으로써 우리
는 그와 같은 사람이 되며, 옳음과 행운을 제공하는 것은 앎이
라는 사실이 분명해 보였기 때문에, 모든 방법을 동원해서 최대
한 지혜롭도록 모든 사람이 스스로 준비해야 할 듯하네. 그렇지
않은가?" "예." 그가 말했네. "그리고 아마 아버지한테서는 돈보
다 이것을 훨씬 더 많이 물려받아야 한다고 생각하는 사람은, 그

b 리고 후견인들과 친구들, 그리고 외지인들이든 시민들이든 그를 사랑하는 사람이라고 자칭하는 자들에게서도 이것을 물려받아야 한다고 생각하는 사람은, 지혜를 나누어 주기를 부탁하고 청하며, 그것을 위해서라면 그를 사랑하는 사람을 비롯한 모든 사람에게 시중을 들든 종살이를 하든, 그것이 아름답기만 하다면 지혜로워지기를 염원하여 그 어떤 시중을 들려고 든다 해도 그것은 전혀 부끄러운 일이 아니며, 전혀 비난받을 만한 일도 아닐세, 클레이니아스. 아니면 자네에게는 이렇지 않다고 생각되는가?" 내가 말했네. "물론 저에게는 당신이 잘 말씀하시는 것으로

c 보입니다." 그가 말했네. "지혜가 가르쳐질 수 있고, 사람에게 저절로 생기지 않는 한, 그렇다는 말일세, 클레이니아스. 그것은 아직 우리가 살펴보지 않았고, 나와 자네에 의해 동의된 적도 없기에 하는 말일세." "하지만 소크라테스, 제게는 그것이 가르쳐질 수 있는 것으로 보입니다."[95] 그가 말했네. 그러자 나는 기뻐하며 말했네. "정말이지 자네는 훌륭히 말하는군, 더할 나위 없는 사람이여. 그리고 자네가 잘해 주었기 때문에, 바로 이것, 즉 지혜가 가르쳐질 수 있는지 가르쳐질 수 없는지에 대한 긴 탐구에서 나를 벗어나게 해 주었네. 그러면 자네에게 그것이 가르쳐질 수 있는 것으로 보이기도 하고 있는 것들 중 지혜만이 사람

d 을 행복하고 운 좋게 만드는 것으로 보이기도 하니, 이제는 지혜를 사랑할 수밖에 없다고 자네가 말하는 것 외에 달리 무슨 수가

48

있겠는가? 그리고 자네 자신이 그것을 할 생각인가?" "소크라테스, 물론 가능한 한 많이 할 작정입니다."[96] 그가 말했네.

그러자 나는 그 말에 기뻐하며 말했네. "디오뉘소도로스와 에우튀데모스, 내가 갈망하는 종류의 권유하는 논변들의 본보기는 (비록 어설프게, 그리고 장황하게 논변(말)이 간신히 이루어진 것 같긴 합니다만) 이와 같습니다. 두 분은 어느 분이시든 원하시는 분이, 같은 이것을 하되 기술적으로* 우리에게 입증해 보여 주십시오. 그게 싫으시면, 내가 중단했던 지점의 다음 것, 즉 모든 앎을 그 e 가 획득해야 하는지, 아니면 그것을 받아들여야 행복해질 수 있고, 훌륭한 사람일 수 있는 어떤 한 가지 앎이 있는지, 있다면 그 것이 무엇인지를[97] 아이에게 입증해 보여 주십시오. 왜냐하면 내가 처음에 말했듯이 이 젊은이[98]가 지혜롭고 훌륭해지는 일은 우리에게 중요하기 때문입니다."

크리톤, 그리하여 나는 그렇게 말하는 한편 그다음에 있을 것 283a 에 정말 대단히 정신을 집중했으며 도대체 그들이 어떤 방식으로 그 논의(말)에 착수하고 어디서부터 시작해서 그 젊은이에게 지혜와 덕을 닦으라고 권할지를 지켜보았네. 그리하여 그들 중

---

* 플라톤에게 '기술'은 참된 앎을 동반한 것이다. 따라서 어설프게(idiōtikon) 한 것은 참된 앎에 의한 것이 아니라는 뜻이다. 무지자로 자처하는 소크라테스로서는 당연한 말이긴 하지만, 지혜로운 자로 자처하는 소피스트들의 모습을 들추어내기 위한 장치이기도 하다.

연장자인 디오뉘소도로스가 먼저 논변(말)을 시작했고 우리 모두
는 지금 당장 놀라운 어떤 논변(말)들을 들으리라는 생각에서 그
b 분을 바라보았네. 실제로도 바로 그런 일이 우리에게 일어났네.
자네가 들어 볼 만한 가치가 있는 놀라운 논변(말)을 그 양반이
시작했는데, 그 논변(말)은 덕을 권할 만했기 때문일세, 크리톤.

"내게 말해 보시오. 여기 이 젊은이가 지혜로워지기를 갈망한
다고 말하는 소크라테스와 그 밖의 다른 분들이여, 당신들은 장
난삼아 이 말을 하는 겁니까, 아니면 정말로 그것을 진심으로 열
망하시는 겁니까?"

그러자 내게 든 생각이 앞에서 우리가 그 젊은이와 대화를 나
c 누라고 청했을 때, 그 두 분은 우리가 장난하고 있다고 여겼고,
그 때문에 자기들도 장난만 치고 진지하게 굴지 않은 것이었구
나 하는 것이었네. 이런 생각이 들자 더더욱 나는 우리가 놀랍도
록 진지하다고 말했네.

그러자 디오뉘소도로스가 말했네. "소크라테스, 당신이 지금
말하는 것을 부인하지 않도록 주의하십시오." "주의하고 있습니
다. 결코 부인하는 일은 없을 것입니다." 내가 말했네. "어떻습
니까? 당신들은 그가 지혜롭게 되기를 바란다고 말합니까?" 그
분이 말했네. "물론입니다." "그런데 지금 클레이니아스는 지혜
롭습니까, 아닙니까?" 그분이 말했네. "'아직까지는 아니다'라고
그는 말하죠. 그는 허풍쟁이[99]는 아니죠." 내가 말했네. "당신들

은 그가 지혜롭게 되기를, 그리고 무지하지 않기를 바라고요?"   d
그분이 말했네. 우리는 동의했네. "그러면 당신들은 그가 그이지
않은 사람이 되기를 바라는 한편, 현재의 그인 사람이 더 이상
아니기를 바라시는군요."[100] 그러자 나는 듣고 어리둥절해졌네.
내가 어리둥절해 하는 사이에 그분이 끼어들어 말했네. "지금 그
인 그가 더 이상 아니기를 당신들이 바란다니, 그러면 당신들은
그가 죽기를 바랄 뿐이라고 봐도 되겠습니까?* 자신들이 사랑하
는 소년이 죽어 없어지는 것을 최고로 여기는 친구와 그를 사랑
하는 자들이라니, 그와 같은 이들이 정말이지 퍽이나 가치 있겠
습니다."

   그러자 크테십포스가 듣고서는 자신이 사랑하는 소년을 위하   e
는 마음에 화가 끓어올라서 말했네. "투리오이의 외지인이여, 이
런 말씀 드리는 것이 무례한 것이 아니었다면, 나는 이렇게 말씀
드렸을 겁니다. '그런 일은 네 머리에나 떨어져라!'[101] 당신이 나
로서는 말을 하는 것조차 불경스럽다고 여기는 그런 상황(것),[102]
즉 내가 이 사람이 죽어 없어졌으면 하고 바랄 수도 있다는 거짓
말로 나와 그 밖의 다른 사람들을 모략할 생각을 했으니 이렇게

---

* 'einai(to be)'가 갖는 두 가지 의미 중 '~이다'란 해석으로 전체를 맞추다 보
   니 다소 이해하기 힘든 번역이 되었다. 이 구절에서는 '있다'의 의미로 해석
   해서 '그가 더 이상 있지 않기를'이라고 하면 훨씬 이해하기 쉽지만 한 단어의
   애매함을 이용하고 있는 문맥을 살리기 위해 '~이다'로 번역을 맞췄다.

말할 밖에요." 그가 말했네.

"어때, 자네는 정말 거짓말을 할 수 있다고 생각하나, 크테십포스?" 에우튀데모스가 말했네. "물론이지요. 아님 내가 미쳤게요." 그가 말했네. "그 말*에 관련되는 사물(것)[103]을 말할 때인가, 말하지 않을 때인가?" "말할 때죠." 그가 말했네. "그가 그것을 말한다면, 그가 말하는 바로 그것 밀고 있는 것[104]들 중 다른 어떤 것[105]을 말하는 것은 아니겠지?" "물론입니다." 크테십포스가 말했네. "그가 말하는 그것도 있는 것들에 속하겠지?[106] 다른 것들과는 구별되기에 하나고 말이야.[107]" "물론입니다." "그러면 그것을 말하는 사람은 있는 것을 말하지 않는가?" "예." "그런데 있는 것과 있는 것들을 말하는 사람은 참된 것을 말한다네.[108] 그리하여 정말로 디오뉘소도로스가 있는 것들을 말하는 것이라면 그는 참된 것을 말하는 것이지 거짓말로 자네를 모략하는 것이 전혀 아닐세."

"예."[109] 그가 말했네. "하지만 이런 말을 하는 사람은 있는 것들을 말하고 있지 않습니다, 에우튀데모스."

"있지 않은 것은 있지 않을 뿐이겠지?" 에우튀데모스가 말했네. "있지 않지요." "그러면 적어도 있지 않은 것은 어디에도 있지 않은 것일 뿐이겠지?" "어디에도요." "그러면 이것들, 즉 있

284a

b

* logos

지 않은 것들과 관련해서 누군가가 무엇인가를 하고, 그게 누가 되었든 그렇게 해서 어디에도 있지 않은 것을 있게끔 만들 수가 있겠는가?"[110] "내 생각으로는 없습니다." 크테십포스가 말했네. "그러면 어떤가? 연설가들은 대중을 앞에 두고 말할 때 아무것도 안 하는가?" "물론 하지요." 그가 말했네. "그러면 정말 그가 c 한다면 만들기도 하지 않는가?"[111] "예." "그러면 말하는 것은 하는 것이자 만드는 것인가?" 그가 동의했네. "그러니 누구도 있지 않은 것들을 말하지는 않네. 왜냐하면 말을 하는 사람은 이미 무엇인가를 만드는 사람이고, 누가 되었든 있지 않은 것은 만들 수 없다고 자네가 동의했기 때문일세. 그리하여 자네의 논의(말)에 따르면 누구도 거짓을 말할 수는 없고 디오뉘소도로스는 말을 하기만 하면 참된 것과 있는 것들을 말하네."

 "물론입니다, 에우튀데모스. 그가 있는 것들을 어떤 식으로 말하기는 하지요. 하지만 적어도 있는 그대로는 아닙니다."[112] 크테십포스가 말했네.

 "크테십포스, 무슨 말을 하는 겐가?" 디오뉘소도로스가 말했네. "사물(것)들을 있는 그대로 말하는 사람이 정말 있는가?" "물 d 론 있지요. 아름답고 훌륭한 사람이며 참된 것을 말하는 사람들 말입니다." "그러면 어떤가?" 그분이 말했네. "좋은 것들은 좋게 있고, 나쁜 것들은 나쁘게 있지 않은가?" 그가 동의했네. "자네는 아름답고 훌륭한 사람들은 사물(것)들을 있는 그대로 말한다고 동의하고?" "동의합니다." "그러면 크테십포스, 정말 훌륭한 사람들이 있는 그대로 말한다면, 그들은 나쁜 것들을 나쁘게 말할 것이네."[113] "예. 맹세컨대 아무튼 그들은 나쁜 사람들을 분명히 그렇게 말합니다. 만약 당신이 내 말이 납득이 되신다면,

e 당신은 훌륭한 이들이 당신을 나쁘게 말하지 않도록 그들* 가운데 속하려고 주의할 깃입니다. 훌륭한 이들은 나쁜 이들을 나쁘게 말한다고 알아 두셔도 좋으니까 말이죠." 그가 말했네. "그리고 그들은 큰 사람들을 크게 말하고, 뜨거운 사람들을 뜨겁게 말하는가?" 에우튀데모스가 말했네. "물론이겠지요." 크테십포스가 말했네. "그들은 썰렁한[114] 사람들을 썰렁하게 말하고 그들이 썰렁하게 이야기한다고 말하지요." "크테십포스, 자네는 욕을 하는군, 욕을." 디오뉘소도로스가 말했네. "천만에요. 나는 그렇지 않습니다, 디오뉘소도로스. 당신을 좋아하는 걸요. 그런 게 아니라 나는 당신을 동료로 보고 충고하는 중이고 설득하려 애쓰는 중입니다. 내 면전에서 내가 가장 중히 여기는 사람들이 죽어 없

285a 어지기를 내가 바란다는 그렇게 무지막지한 말을 절대 하지 말라고 말이죠." 그가 말했네.

그들이 서로에게 더욱더 거칠게 구는 것으로 보여서, 나는 크테십포스에게 농담을 꺼내며 다음과 같이 말했네. "크테십포스,

* 훌륭한 이들.

내 생각에는 외지인들이 말씀하시는 것들을 저분들에게서 받아
들이고 말*을 가지고 다투지는 마세. 저분들이 주실 의향이 있으
시다면 말이지. 그러한 죽음과 사멸[115]을 두 분 스스로 발견했든
다른 어떤 사람에게서 배웠든, 저분들이 그렇게 사람들을 죽여
서 쓸모없고 무분별한 사람들로부터 쓸모 있고 분별 있는 사람
들을 만들어 낼 줄 아신다면, 그리하여 쓸모없는 상태인 자를 죽
여서 쓸모 있는 자로 다시 만들어 내실 줄 아신다면 말일세. 두
분이 그걸 아신다면, (그런데 두 분이 아시는 것은 분명하네. 아무튼
두 분은 최근에 발견된 자신들의 기술이 사람들을 쓸모없는 상태에서
훌륭한 상태로 만드는 것이라고 말씀하셨네.) 두 분에게 그를 넘기
세. 저분들이 우리를 위해 그 젊은이를 죽여서 분별 있게 만들게
하고, 우리 모두도 그렇게 하시게 하게. 그런데 자네들 젊은이들
이 겁이 난다면, 카리아 사람들**을 그렇게 하듯이 나를 위험에
처하게 하게. 나는 늙은이라서 위험을 무릅쓸 각오도 되어 있고,
콜키스의 메데이아***에게 맡기듯이 여기 계신 디오뉘소도로스에

---

* 이 '말'은 'logos'가 아니라 보통 '이름'이라고 번역하는 'onoma'의 번역이다.

** 용병으로나 노예로나 값이 쌌던 나라의 사람들.

*** 메데이아는 본래 콜키스의 공주이며 마법사인데, 황금 양피를 구하러 온 이
아손에게 반해 조국을 배반하고 그와 결혼한다. 그녀는 이아손의 고향에서
이아손을 미워하는 숙부 아이손을 죽이기 위해 회춘의 마법이라 속여 아이손
을 물이 끓는 솥에 넣어 죽게 만든다.

게 내 자신을 맡기니 말일세. 그분이 나를 죽이게 하고, 원하신
다면 살게 하고, 무엇을 원하시든 하시게 하게. 다만 쓸모 있게
만 만들어 내시게 하게"

그러자 크테십포스가 말했네. "소크라테스, 나 역시 자신을 두
외지인들에게 맡길 각오가 되어 있습니다. 내 가죽이 마르쉬아
스*의 가죽처럼 가죽 자루로 끝나지 않고, 덕으로 끝나기만 한다
면, 만약 그분들이 지금 벗기시는 것보다 더 많이 벗기기를 원하
시더라도, 역시 그럴 각오가 되어 있습니다. 그런데도 여기 계신
디오뉘소도로스께서는 내가 자기한테 화를 내고 있다고 생각하
고 계십니다. 하지만 나는 화를 내는 게 아니라, 나에 대해서 좋
지 않게 말하고 있는 것으로 보이는 것들에 대해서 반박하는 겁
니다. 고상한 디오뉘소도로스, 당신은 반박하는 것을 욕하는 것
이라 부르지 마십시오. 욕하는 것은 다른 것이니까요."

그러자 디오뉘소도로스가 말했네. "크테십포스, 자네는 반박
함이라는 것이 있다고 생각하고서 주장(말)을 만드는가?"**

"물론 전적으로 있지요. 그것도 아주 심하게요." 그가 말했네.
"혹시 디오뉘소도로스, 당신은 반박함이라는 것이 있다고 생각

---

* 아울로스를 잘 연주하던 사튀로스. 아폴론에 자신의 가죽을 걸고 그와 음악
  실력을 겨뤘으나 패해서 가죽이 벗겼다.

** 주장(말)을 만드는가 : 우리말답지 않은 직역이지만 '만들다'와 '사용하다'의
  구별을 위해 일부러 어색한 번역을 택했다.

하지 않으시나요?"

"자네는 다른 어떤 이가 남을 반박하는 것을 자네가 들은 적이 있다고 증명할 수 없을 걸세."[116]

"정말입니까? 하지만 크테십포스가 디오뉘소도로스를 반박하는 것을 지금 내가 들음으로써 내가 당신에게 증명하고 있는걸요."*[117]

"정말로 자네는 그것에 대하여 근거(말)를 댈[118] 수 있는가?"

"물론입니다."

"그러면 어떤가?" 그분이 말했네. "있는 것들 각각에는 해당하는 진술(말)**이 있는가?" "물론이죠." "그러면 각각이 있는 한에서인가,[119] 아니면 있지 않은 한에서인가?" "있는 한에서죠." "크테십포스, 자네가 기억한다면 좀 전에도*** 우리는 아무도 그것이   286a

---

*   앞에서 지각 내용을 다른 사람에게 전달할 수 없다고 한 주장에 대해 자신이 현재 하고 있는 행위를 반박 사례로 삼고 있는 대목이다. 즉 '내가 지금 당신에게 반박하고 있는 것을 내가 지금 듣고 있으니 이것으로 증명이 된 것 아니냐'란 뜻이다.

**   있는 것들을 정확히 진술하는 참된 명제들이 있느냐는 말이다. 여기서 '있는 것들'은 사물(thing)일 수도 있고 사실(fact)일 수도 있다. 사물이면 사물에 올바른 술어를 댄 것이 'logos'일 테고 따라서 'logos'는 술어 부분이 될 것이고, 사실이면 주술을 포함한 명제가 될 것이다. 예컨대 전자는 '원'에 대한 '중심으로부터 같은 거리의 점들의 집합임'이 될 테고, 후자면 '원은 중심으로부터 같은 거리의 점들의 집합이다'가 될 것이다.

*** 284c2 이하

있지 않은 한에서는 말하지 않는다는 점을 입증해 보였네." 그분이 말했네. "왜냐하면 누구도 있지 않은 것을 말하지 않는 것이 분명했기 때문일세." "그래서 그게 어떻다는 말씀이죠?" 크테십포스가 말했네. "그렇다고 나와 당신이 서로 좀 덜 반박하는 게 되나요?" "그러면 우리 둘 다 동일한 사물(것)에 대한 진술(말)을 말한다면 우리는 서로 반박할 수 있겠는가, 아니면 그렇게 해서 분명히 동일한 사물(것)을 말하는가?" 그분이 말했네. 동일한 사물(것)을 말한다는 데 크테십포스가 동의했네. "그렇지만 둘 중

b   누구도 그 사물(것)에 대한 진술(말)을 하지 않는 경우에는, 우리가 서로 반박할 수 있겠는가? 아니면 그렇게 해서는 우리 중 어느 누구도 그 사물(것)을 아예 언급[120]하고 있지 않은 상태이겠는가?" 언급하고 있지 않다는 데 또 그는 동의했네. "하지만 나는 그 사물(것)에 대한 진술(말)을 하는 반면, 자네는 다른 어떤 사물(것)에 대한 다른 진술(말)을 한다면, 그때 우리는 서로 반박하고 있는가? 나는 그 사물(것)을 말하는 반면, 자네는 아예 말하지 않는 거 아닌가?[121] 그런데 말하지 않는 자가 말하는 자에게 무슨 수로 반박하겠는가?"[122]

　　그러자 크테십포스는 침묵했네. 반면에 나는 그 논변(말)이 놀라워 말했네. "무슨 말씀이시지요, 디오뉘소도로스? 정말이지 나는 그 논변(말)을 많은 사람에게서 자주 들었는데도 번번이 놀

c   랍니다. 사실 프로타고라스와 그의 제자들이 그 논변(말)을 아주

58

많이 사용했고,[123] 그 훨씬 이전 사람들도 그랬거든요. 다른 사람들을 엎어 치면서 동시에 자기 자신을 엎어 치는 사람[124]은 언제나 내게 놀라워 보입니다. 그런데 나는 그것의 진리를 당신으로부터 가장 잘 배울 수 있으리라고 생각합니다. 그것은 거짓말을 하는 것이 있지 않다는 것 아닙니까? 사실 그 논변(말)은 그 뜻이거든요. 그렇지요? 말을 하면 참된 것을 말하거나 그렇지 않으면 말하지 않거나 하는 것 아닌가요?"

그가 동의했네.

"그러면 거짓을 말하는 것은 없더라도 거짓된 의견을 갖는 것은 있습니까?"   d

"거짓된 의견을 갖는 것도 없습니다." 그분이 말했네.

"그러면 거짓 의견도 전혀 없군요." 내가 말했네.

"없지요." 그분이 말했네.

"그렇다면 무지도 무지한 사람도 없겠군요. 혹시 무지가 있다면, 사물(것)에 대해 거짓되게 말하는 것이 무지가 되지 않겠습니까?"

"물론입니다." 그분이 말했네.

"하지만 그것*이 없군요." 내가 말했네.

"없지요." 그분이 말했네.

---

* 사물에 대해 거짓된 의견을 갖는 것. 따라서 무지도 없다.

"디오뉘소도로스, 당신은 이상한 소릴 하려고, 논의(말)를 위해 논의(말)를 하시는 겁니까, 아니면 진짜로 당신이 보기에 어떤 사람도 무지하지 않습니까?"

e   "당신이 논박해 보시지요." 그분이 말했네.

"당신의 논의(말)에 따르면 논박하는 것, 그게 있기나 하겠습니까? 아무도 거짓말을 하지 않는데 말이죠."

"없지요." 에우튀데모스가 말했네.

"하지만 방금 전에 디오뉘소도로스가 논박하라고 시키지 않았나요?" 내가 말했네.

"정말이지 어떻게 누군들 있지 않은 것을 시킬 수 있겠습니까? 당신은 시킵니까?"

"에우튀데모스, 그건 내가 이 지혜로운 것들과 제대로 된 것들을 전혀 알아듣지 못하며 생각이 둔하기 때문입니다. 그래서 아마 나는 더 수준 낮은 질문을 할 텐데, 양해해 주십시오." 내가

287a 말했네. "보세요. 만약 거짓되게 말하는 것도 없고 거짓 의견을 가짐도 없고 무지한 자도 없다면, 누군가가 무엇인가를 행할 때 잘못함이 없다는 것이 아닙니까? 왜냐하면 무엇인가를 행할 때 행하는 것에 대해 잘못하는 것이 없으니까요?[125] 당신들은 그렇게 말씀하시는 것이 아닌가요?"

"물론입니다." 그분이 말했네.

"다음은 바야흐로 수준 낮은 질문입니다." 내가 말했네. "정말

이지 우리가 행할 때도, 말할 때도, 생각할 때도 잘못하지 않는
다면 말이죠, 맙소사 그게 사실이라면 당신들은 누구의 선생으로
와 있는 것입니까? 배울 의향이 있는 사람에게는 덕을 누구보다
도 가장 잘 전수할 수 있다고 방금 전에 말하지 않았던가요?"   b

"소크라테스, 그러면 당신은 크로노스*처럼 우리가 처음에 말
했던 것을 지금 기억을 떠올릴 정도인가요? 그래서 내가 작년에
무엇인가 말했다면, 당신은 지금 기억해 낼 겁니까? 현재 논의
된 것들은 어떻게 사용할 줄 모릅니까?" 디오뉘소도로스가 끼어
들며 말했네.

"그것들이 너무 어려워서 그럽니다." 내가 말했네. "그건 그럴
만하지요. 그것들은 지혜로운 사람들 사이에서 이야기되니까요.
그리고 당신이 마지막에 말씀하신 것도 사용하기가 지극히 어렵
습니다. 정말이지 '어떻게 사용할지 모른다'는 것을 도대체 무슨
뜻으로 말씀하시는 겁니까, 디오뉘소도로스? 그건 분명 내가 그
것을 논박할 수 없다는 뜻으로 하시는 말씀이 아닙니까? '그 논   c
의(말)들을 어떻게 사용할지 모른다'는 이 구절이 당신에게는 다
른 어떤 것을 뜻합니까?* 말씀하여 주시죠."

---

* 제우스에 의해 축출된 제우스의 아버지. 여기서는 노망난 노인이나 한물간
   사람을 이르는 속담조의 표현으로 쓰였다.

* 소크라테스는 디오뉘소도로스가 논박이 가능하다는 전제를 갖고 있음을 들추
   어내려 하고 있다. 그래서 '내가 그 말들을 어떻게 사용할지 모른다'란 말이 '현

"하지만 당신이 한 말은 사용하기가** 그다지 어렵지 않으니,[126] 내가 물을 말에 대답이나 하시죠." 그분이 말했네.

"디오뉘소도로스, 당신이 대답하기 전에 말입니까?" 내가 말했네.

"대답 안 할 겁니까?" 그분이 말했네.

"정말 그게 공정한 긴가요?"

"물론 공정하지요." 그분이 말했네.

"어떤 논변(말)에 따라서죠?" 내가 말했네. "분명 그것은 당신이 논변(말)들에 지극히 지혜로운 한 사람으로 우리에게 와 계시

d 고, 언제 대답하고 언제 하지 말아야 하는지를 당신이 안다는 논변(말)에 따라서가 아닌가요? 그래서 지금도, 해서는 안 된다는 것을 알기에 아무런 대답도 하지 않을 건가요?"

"대답하는 데 신경 안 쓰고 쓸데없는 소리를 늘어놓는군요." 그분이 말했네. "여보시오, 당신도 내가 지혜롭다는 데 동의하니 내 주장(말)에 따라 대답해 보시오."

"그렇다면 따라야 하고 그럴 수밖에 없는 듯 하네요." 내가 말했네. "지금은 당신이 지휘하니까요. 어서 물어보시죠."

재 논의들을 가지고 내 주장을 논박해 보라'란 말이지 않냐고 따져 묻고 있다.

** 문맥상 '다루기' 정도가 적합한 번역인데, 'chrēsthai'를 한결같이 '사용하다'로 번역한 일관성을 살리기 위해 '사용하다'로 옮겼다. 주석 91) 참고.

"그러면 뜻을 가진 것들은 혼을 가진 것을 뜻하나요, 아니면 혼을 가지지 않은 것을 뜻하나요?"

"혼을 가진 거요."

"그러면 당신은 혼을 가진 어떤 구절을 알고 있습니까?"

"나는 전혀 모릅니다."

"그러면 왜 당신은 방금 그 구절이 나에게는 무엇을 뜻하는지   e
를 물었습니까?"*

"아둔한 탓에 잘못을 저지른 것 말고 다른 무슨 이유야 있겠습니까?" 내가 말했네. "그게 아니면 내가 잘못하지 않았고 '구절들이 뜻한다'고 말한 것 역시 올바르게 말한 건 아닐까요? 지금 당신은 내가 잘못했다고 말씀하시는 겁니까, 아니면 그렇지 않다고 말씀하시는 겁니까? 만약 내가 잘못하지 않았다면, 비록 당신이 지혜로울지라도 당신은 논박하지 못할 것이고, 주장(말)을 어떻게 사용할지도 모를 것입니다. 그런데 만약 내가 잘못했다면, 잘못하는 것이 없다고 말함으로써 당신은 올바르지 않게   288a
말씀하시는 것이 되죠. 그리고 나는 이것을 작년에 당신이 말했던 것들과 관련해서 말하는 것이 아닙니다. 그건 그렇고, 디오뉘소도로스와 에우튀데모스, 이 논의(말)는 똑같은 상태에 머물러 있고 여전히 예전처럼 엎어 치면서 쓰러지는 것으로 보이고, 그

*   287c1

래서 당신들의 기술에 의해서도 그런 일을 당하지 않는 법을 아직 찾지 못했던 것으로 보입니다. 논변(말)들의 정밀함에서 이 기술이 무척 놀랍긴 하지만 말이죠." 내가 말했네.

그러자 크테십포스가 말했네. "당신들은 놀라운 것들을 말씀

b 하시는군요. 투리오이든 키오스든 어떤 곳 출신이든 어떤 이름으로 불려도 반길 분들이여.[127] 당신들은 헛소리 하는 것에 도통 개의치 않으시니까요."

그리고 나는 욕이 나오지 않을까 겁이 나서 다시 크테십포스를 달래어 말했네. "크테십포스, 이 말은 좀 전에도 내가 클레이니아스에게 했던 말인데, 자네에게도 똑같은 말을 하겠네. 자네는 외지인들의 지혜가 놀랍다는 사실을 모르고 있네. 그렇지만 두 분은 진지하게 우리에게 시범을 보이려 하시지 않고 이집트의 소피스트인 프로테우스*를 흉내내서 우리를 홀리고 계시

c 네. 그러니 우리는 두 분이 진지하게 대하는 것을 우리에게 드

---

* 바람이 불지 않아 이집트의 어느 섬에 갇힌 메넬라오스에게 섬을 빠져나가는 법을 가르쳐 준 바다의 신. 그의 딸 에이도테아가 가르쳐 준대로 물개 가죽을 뒤집어쓰고 숨어 있던 메넬라오스 일행에게 붙들렸을 때에 그는 물개의 모습을 하고 있었다. 메넬라오스 일행에게 붙들리자 그는 차례대로 사자, 범, 표범, 멧돼지로 모습을 바꾸었지만 메넬라우스는 그를 끝내 놓아주지 않고 붙들고 있었다. 결국 프로테우스는 그런 메넬라오스에게 지쳐서 섬을 빠져나가는 법을 가르쳐 주었다(『오뒷세이아(Odysseia)』 4권 351 이하, 『이온(Iōn)』 541e 참고).

64

러내기 전까지는 메넬라오스를 흉내내서 두 분을 놓아주지 마세나. 왜냐하면 나는 일단 그분들이 진지해지기 시작하기만 하면 두 분들에게 있는 지극히 아름다운 무엇인가가 나타나리라고 생각하기 때문일세. 어서 두 분에게 모습을 나타내시기를 간청하고 북돋고 비세나. 그래서 말인데 두 분이 내게 보여 주었으면 하고 내가 비는 두 분의 모습을 나 자신 역시 다시금 앞장서서 끌어내 볼 생각일세. 정말이지 기를 쓰고 진지한 모습을 보이는 나를 동정하고 불쌍하게 여기는 마음을 어떻게든 내가 불러내서 두 분도 진지한 모습을 보이도록, 나는 내가 전에 떠났던 곳에서부터 그다음에 오는 것을 할 수 있는 한 자세히 설명하려 노력하겠네."

   d

  "클레이니아스, 자네는 그전에 우리가 어디서 논의를 떠났는지를 내게 기억나게 해 주게." 내가 말했네. "그런데 내가 알기로는 분명 이쯤에서일세. 우리는 지혜를 사랑해야 한다는 데 동의하고 끝냈네.* 맞나?" 내가 말했네. "예." 그가 말했네. "그런데 지혜에 대한 사랑은 앎의 획득일세. 그렇지 않은가?" 내가 말했네. "예." 그가 말했네. "그러면 우리가 어떤 앎을 획득해야 앎을 올바르게 획득하겠는가? 그것은 오로지 우리에게 이득을 줄 것을 획득하는 것 아니겠는가?" "물론입니다." 그가 말했네. "만

   e

---

*   282d

약 우리가 돌아다니면서 어느 땅에 가장 많은 황금 덩어리가 묻혀 있는지를 감지할 줄 안다면 그것이 우리를 뭔가 이롭게 하겠는가?" "아마 그렇겠지요." 그가 말했네. "하지만 그 주장(말)은 '땅을 파는 고생 없이 모든 황금이 우리 것이 된다고 해도 더 나을 게 전혀 없다'고 해서 이전에* 우리가 논박해 버렸네. 그래서 우리가 바위를 황금으로 만들 줄 안다고 해도 그 앎은 아무 가치가 없다고 말이지. 왜냐하면 우리가 황금을 사용할 줄 모르는 한, 그것은 분명히 아무 이로움이 없었던 것이니까 말일세. 기억 안 나?" 내가 말했네. "물론 기억납니다." 그가 말했네. "다른 기술들**도, 즉 돈을 버는 기술이든, 의학 기술이든, 무엇인가를 만들 줄은 알지만 만든 것을 사용할 줄 모른다면, 다른 어떤 기술이든 아무 이로움이 되지 않는 듯하네. 그렇지 않은가?" 그가 동의했네. "설사 어떤 앎이 있어서 불멸하게 만들어 준다 해도, 그 불멸을 사용할 줄 모른다면 이것도 아무 이로움이 되지 않을 듯 하네. 전에 동의했던 것들에 근거해서 어떤 판단을 해야 한다면 말이지."[128] 이 모든 것에 대해서 우리는 동의했네. "여보게, 그러니 우리에게는 만들 줄 알고 만든 것을 사용할 줄 아는 앎이

289a

b

---

* 280d
** 바로 앞에서 '앎(epistēmē)'이라고 했다가 여기서는 '기술(technē)'이라고 말을 바꾸는 데서 알 수 있듯이 플라톤은 앎과 기술을 자주 동일시한다.

66

함께 속하는 어떤 앎[129]이 필요하네." "그렇게 보이는군요." 그가
말했네. "우리가 뤼라를 만드는 사람, 즉 그와 같은 어떤 앎을 획
득한 사람이어야 할 필요는 전혀 없네.[130] 바로 여기서는 동일한
대상(것)과 관련하여 만드는 기술과 사용하는 기술이 따로 구분
되고 있기 때문일세. 왜냐하면 뤼라를 만드는 기술과 키타라를
연주하는 기술은 서로 많이 다르기 때문일세. 그렇지 않은가?"
그가 동의했네. "확실히 우리에게 아울로스 만드는 기술은 필요
하지 않은 것이 역시 분명하네. 이것도 이와 같은 종류의 다른
기술이기 때문일세." 그가 동감했네. "그런데 잘 생각해 보게. 우
리가 논변 만드는 기술을 배운다면, 이것은 우리가 행복하기 위
해 획득해야 했을 그 기술인가?" "저는 그렇게 생각하지 않습니
다." 클레이니아스가 끼어들며 대답했네.

"자네는 무슨 증거로 그렇게 말하는가?" 내가 말했네.

"저는 논변을 만드는 어떤 사람들을 알고 있는데, 그들은 뤼라
만드는 사람들이 뤼라를 사용할 줄 모르듯이, 자신들이 만드는
자신들의 논변들을 사용할 줄 모릅니다. 그러니 이 경우에도 역
시 다른 사람들은 저들이 만들어 낸 것들을 사용할 수 있는 반면
논변 만드는 사람들 자신은 할 수 없지요. 따라서 논변들에 관
련해서도 만드는 기술과 사용하는 기술은 따로 있음이 분명합니
다." 그가 말했네.

"내가 보기에 자네는 누구든 획득하기만 하면 행복할 수 있

는 그 기술은 논변 만드는 사람들의 기술이 아니라는 충분한 증거를 말하는 것 같네." 내가 말했네. "비록 이 경우에 오래전부터 우리가 찾아 온 바로 그 앎이 아마도 나타나리라고 내가 생각하긴 했지만 말일세. 그리고 그 이유는 내가 그들과 이야기할 때면, 논변을 만드는 그 사람들 자신은 극히 지혜롭고 그들의 기술 자체는 신적이고 드높은 어떤 것으로 내게 보이기 때문일세. 하긴 놀라울 것도 전혀 없지. 그것은 약간 떨어지긴 해도 주술사 기술의 일부니까. 왜냐하면 주술사들의 것은 독사와 독거미와 전갈과 다른 짐승 및 질병의 홀림인 반면, 그것은 재판관들과 민회의원과 그 밖의 다른 무리들의 홀림과 달램이기 때문이지.* 자네에게는 달리 어떻게 보이는가?" 내가 말했네.

"아닙니다. 제게는 당신이 말씀하시는 그대로 보입니다." 그가 말했네.

"그러면 이제 우리는 어디로 돌아서야 할까? 어떤 기술로?"

"저로서는 길을 잘 찾지 못하겠습니다." 그가 말했네.

"하지만 나는 내가 길을 발견했다는 생각이 드는군." 내가 말했네.

"어떤 것이죠?" 클레이니아스가 말했네.

"내가 보기에는 무엇보다도 장군의 기술이 획득하기만 하면

---

* 소피스트의 논변 기술에 대한 해설 참고.

누구든 행복해질 수 있을 기술로 보이네." 내가 말했네.

"제게는 그렇게 보이지 않는데요."

"어째서?" 내가 말했네.

"그것은 사람들을 사냥하는 기술의 일종입니다."

"그래서 그게 뭐?" 내가 말했네.

"어느 것이든 사냥술 자체는[131] 쫓고 잡는 것 그 이상의 것이 아닙니다. 그들은 쫓는 것들을 잡고 나면 그것을 사용하지 못하고 사냥꾼과 어부들의 경우는 요리사들에게 넘기는가 하면 기하학자들과 천문학자들과 산술 학자들 역시 그렇게 합니다. 실은 이들도 사냥꾼들이기 때문입니다. 이들 각자가 도형을 만들지는 않아도 있는 것들[132]을 찾아내기 때문입니다. 그래서 그들 자신이 그것들을 사용할 줄은 모르고 쫓을 줄만 아는 만큼 아마도 그들은 자신들의 발견물들을 잘 이해하는 변증술 전문가*들에게 그것들을 사용하도록 넘겨줄 것입니다."[133]

"좋아." 내가 말했네. "너무도 훌륭하고 너무도 지혜로운 클레이니아스. 그게 사실인가?"

"물론입니다. 장군들도 동일한 방식으로 다음과 같이 합니다." 그가 말했네. "그들은 어떤 나라나 군대를 사냥하고 나면 정치인들에게 넘깁니다. 그들 자신은 사냥한 것들을 사용할 줄 모르기

---

* 철학자

때문이죠. 제가 알기로 메추라기 사냥꾼들이 메추라기 사육사들에게 넘기듯이 말입니다." 그가 말했네. "그래서 만들거나 사냥해서 획득한 것을 그 자신이 또한 사용할 줄도 아는 그러한 기술이 우리에게 필요하다면, 그리고 그와 같은 기술이 우리를 복되게 한다면, 우리는 장군의 기술 말고 다른 어떤 것을 찾아야 합니다." 그가 말했네.

e 　크리톤　자네는 무슨 말을 하는 건가, 소크라테스? 그와 같은 말이 그 아이의 입에서 나왔단 말인가?

소크라테스　자네는 아니라고 생각하나, 크리톤?

크리톤　절대 아니라고 생각하지. 만약 그가 그렇게 말했다면 그에게는 에우튀데모스든 다른 누구든 교육을 위해서 필요하지 않다고 나는 생각하기 때문일세.

소크라테스　맙소사. 그러면 그렇게 말한 사람은 크테십포스였는데 내가 기억하지 못한 것인가?

291a 　크리톤　크테십포스는 무슨.

소크라테스　하지만 그런 말을 한 사람이 에우튀데모스도 디오뉘소도로스도 아니었다는 것만은 내가 잘 알고 있네. 아니, 비범한 크리톤, 더 우월한 어떤 존재가 곁에 있다가 그런 말들을 한 것은 아닐까? 그것을 들은 것만은 내가 잘 알고 있어서 말이지.

크리톤　물론일세, 소크라테스. 내가 보기에는 더 우월한 어떤 존재인 듯하기 하네. 그것도 훨씬 더 우월한 존재일 걸세.[134] 그건 그렇고 그다음에도 계속해서 어떤 기술을 자네들은 찾아갔었는가? 그리고 자네들이 찾고 있던 것을 발견했는가, 발견하지 못했는가?

소크라테스 속 편한 친구, 찾기는 어디서 찾겠는가? 도리어 우 b 리는 아주 우스운 짓을 했네. 종달새들을 쫓아가는 아이들처럼 우리는 매번 잡으려던 그 앎을 즉시 잡으리라고 생각했지만 번번이 그것들이 날아올라서 달아나 버렸다네. 그러니 자네에게 길게 말해 무엇하겠는가? 다만 우리가 왕의 기술에 이르러 이것이 행복을 제공하기도 하고 완성하기도 하는 기술인지를 면밀히 살펴보고 있었을 때에, 그때에도 우리는 드디어 끝에 와 있다고 생각했었네. 그러나 마치 미궁에 빠진 사람들처럼 모퉁이를 돌자 우리는 다시 탐구를 시작할 때와 같은 상태에 있으며 c 처음에 탐구했을 때와 같은 정도의 것이 부족하다는 점이 밝혀졌네.

크리톤 어떻게 해서 그런 일이 자네들에게 일어났는가, 소크라테스?

소크라테스 내 말하지. 우리에게는 정치술과 왕의 기술이 같은 것으로 보였거든.

크리톤 그래서?

소크라테스 이 기술에 장군의 기술과 그 밖의 다른 기술들이, 자신들이 그것들의 장인인 산물들을 다스리라고 이 기술에 넘겨주는 것으로 우리에게는 보였네. 이 기술이 유일하게 그것들을 사용할 줄 아는 기술이라고 생각해서 말이지. 그래서 이것이 우리

d　가 찾던 기술이고, 나라에서 바르게 행동함의 원인이고, 그야말로 아이스퀼로스의 이암보스 시구마따나[135] 유일하게 나라의 선미[136]에 앉아, 모든 것을 조정하고 모든 것을 다스리며 모든 것을 유용하게 만드는 것이라고 우리는 확신했네.

크리톤　그런데 자네들에게는 그 생각이 훌륭해 보이지 않았단 말인가, 소크라테스?

소크라테스　크리톤, 그건 자네가 판단해 볼 수 있을 걸세. 자네가 원해서 그 다음에 우리에게 일어난 일들까지 듣는다면 말이지. 우리는 또다시 다음과 같은 어떤 식으로 살펴보았지. 자, 왕

e　의 기술은 모든 것을 사용해서 우리에게 어떤 산물을 완성해 주는가, 또는 아무것도 완성해 주지 않는가? '전적으로 그렇다'고 우리는 서로 말했네. 자네도 그렇게 말하지 않겠는가, 크리톤?

크리톤　나는 그렇지.

소크라테스　그러면 자네는 그것의 산물이 무엇이라 말하겠는

292a　가? 이를 테면 내가 자네에게 의술은 그것이 다스리는 것들 모두를 다스려서 무슨 산물을 제공하느냐고 묻는다고 해 보세. 자네는 건강이라고 말하지 않겠는가?

크리톤　나는 그렇지.

소크라테스　그러면 자네의 기술인 농사 기술이라면 어떨까? 농

72

사 기술은 그것이 다스리는 모든 것을 다스려서 무엇을 완성하는가? 땅에서 나는 양식을 우리에게 제공하는 것이라고 자네는 말하지 않겠는가?

크리톤 나는 그렇지.

소크라테스 그러면 그것이 다스리는 모든 것을 다스려서 왕의 기술은 무엇을 하는가? 그것은 무엇을 완성하는가?* 아마 자네는 답을 그리 쉽게 찾지는 못할 걸세.

크리톤 정말 그렇네, 소크라테스.

소크라테스 사실 우리도 못 했거든, 크리톤. 하지만 자네는 적어도 우리가 찾는 것이 이 기술이라면 이 기술은 이로워야 한다는 것은 알고 있지.

크리톤 물론일세.

소크라테스 그러면 그것은 적어도 뭔가 좋은 것을 우리에게 제공해야 하지 않겠는가?

크리톤 당연하네, 소크라테스.

소크라테스 그런데 어쨌든 나와 클레이니아스는 어떤 기술[137] 말고는 좋은 것은 아무것도 없다는 데 서로 동의했던 것 같네. b

크리톤 그래, 자네가 그렇게 말했지.[138]

소크라테스 그러면 누구라도 정치술의 것이라고 말할 다른 산물

---

* 여기서 '완성하다'란 말은 앞에서 '만든다'란 말과 같다.

들은 (그런데 대부분은 예컨대 시민들을 부유하게 하고 자유롭게 하고 내분 없게 하는 것일 텐데) 그 모든 것이 나쁘지도 좋지도 않은 것으로 보였지만, 만일 이 기술이 이롭게 하고 행복하게 만드는

c 기술이려면, 지혜롭게 만들고 앎을 넘겨주는 것이어야 한다고 했네.*

크리톤 그렇지. 자네가 그 논의(말)들을 전한 대로, 그때 그렇게 자네들이 동의했지.

소크라테스 그러면 왕의 기술은 사람들을 지혜롭고 좋게 만드는가?

크리톤 안될 게 뭐가 있겠는가, 소크라테스?

소크라테스 그렇긴 하지만 모든 사람을 모든 점에서 좋게 할까? 그리고 모든 앎, 즉 갖바치 기술과 목공 기술, 그리고 다른 모든 기술을 넘겨주는 것이 이것일까?

크리톤 나는 그렇게 생각하지 않네, 소크라테스.

d 소크라테스 아니라면 도대체 어떤 앎을 그것이 넘겨주는가? 우리는 그것을 어떻게 사용하겠는가? 그것은 나쁘지도 좋지도 않은 산물들의 장인이어서는 결코 안 되고, 자기 자신 외에 다른 어떤 앎도 넘겨주어서는 안 되니 말일세. 그러면 우리의 이 기술이 도대체 무엇인지, 그리고 그것을 우리가 어떻게 사용할지에

---

* 281e에서 지혜만이 좋은 것이라고 했기 때문에 우리를 이롭게 하고 행복하게 만드는 기술은 앎(기술)을 넘겨주는 것이어야 한다.

대해 말해 볼까? 크리톤, 자네는 '우리가 그것으로 다른 사람들을 좋게 만들 것이다'라고 우리가 말했으면 하는가?

크리톤 물론일세.

소크라테스 이들은* 우리가 보기에 어떤 점에서 좋을 것이고 어떤 점에서 쓸모 있을 것인가? 아니, 계속해서 우리는 그들이 다른 사람들을 좋게 만들고, 또 그렇게 된 저 다른 사람들은 또 다른 사람들을 좋게 만들리라고 말할 수 있겠는가? 우리가 정치술   e
의 산물들이라고 하는 것을 하찮게 생각했기 때문에, 도대체 이들이 어떤 점에서 좋은지가 전혀 우리에게 분명해 보이지 않고, 그야말로 이른바 제우스의 아들 코린토스**가 태어나고, 내가 말했듯이 우리를 행복하게 만들 그 앎이 도대체 무엇인가를 아는 것과 관련해서 우리는 처음만큼, 또는 그보다도 훨씬 더 많은 것이 우리에게는 부족하다네.

크리톤 아이고, 소크라테스, 자네들은 심한 곤경에 처했던 것으로 보이는군.

소크라테스 크리톤, 그래서 그런 곤경에 처하자, 나 자신 역시   293a

---

* 그 기술을 사용해서 좋게 만들어진 사람들.

** 말만 거창하지 실익이 없다는 뜻의 속담. 코린토스의 식민지인 메가라 사람들이 반란을 일으켰을 때, 코린토스에서 코린토스는 제우스의 아들이라는 정통성을 내세웠으나 소용없었다는 일화에서 유래되었다고 한다.

드디어 목청껏 소리를 지르기 시작했고 디오스쿠로스*들에게라
도 하듯이 두 외지인들에게 부탁하고 간청하여 우리를, 그러니
까 나와 그 아이를 논의(말)의 세 번째 파도**에서 구해 주고, 어
떤 수를 쓰든 최선을 다해 줄 것을, 그리고 그것을 얻게 되면 우
리가 여생을 잘 지낼 수 있을 그 앎이 도대체 무엇인지를 최선을
다해서 입증해 보여 달라고 했네.

크리톤 그래서? 에우튀데모스는 자네들에게 입증해 보여 주겠
다고 응했나?

소크라테스 왜 아니겠는가? 여보게, 그분은 아주 통 크게 다음
과 같이 말하기 시작했네.

b   "소크라테스, 당신들이 오래전부터 곤혹스러워 하는 그 앎을
당신에게 가르쳐 드릴까요, 아니면 이미 당신이 앎을 가지고 있
다는 것을 입증해 보일까요?" 그분이 말했네.

"복 받으신 분, 그게 당신 마음대로 되나요?" 내가 말했네.

"물론입니다." 그분이 말했네.

"그러면 부디 내가 이미 그 앎을 가지고 있다는 것을 입증해
보여 주십시오. 이만한 나이의 사람으로서는 배우는 것보다는

---

* 카스트로와 플뤼데우케스를 가리킨다. 이들은 영웅들로서 바다에서 사람들
   을 지키는 수호신으로 알려져 있었다.

** 파도는 늘 세 차례 치는데, 그중에서도 세 번째 파도가 가장 강하다는 데서
   온 비유.

그편이 훨씬 쉬우니까요."

"자, 내게 대답해 보시오." 그분이 말했네. "당신은 아는 것이 있습니까?" "물론입니다." 내가 말했네. "사소한 것들이긴 하지만 많은 것을 알지요." "좋습니다." 그분이 말했네. "그러면 당신은 있는 것들 중 어떤 것이 현재 그것의 상태가 아닐 수도 있다고 생각합니까?" "맹세코 나는 그렇게 생각하지 않습니다." "그러면 당신은 무언가를 알고 있지 않습니까?" 그분이 말했네. "나는 그렇지요." "알고 있다면 당신은 아는 상태[139]가 아닙니까?" "물론, 바로 그 무엇인가는 아는 상태죠."[140] "마찬가집니다.[141] 당신이 아는 상태인 한 모든 것을 알 수밖에 없지 않습니까?" "절대 아니죠." 내가 말했네. "그 밖의 많은 것은 내가 알지 못하니까요." "그러면 당신이 어떤 것을 모른다면 당신은 알지 못하는 상태군요." "친애하는 에우튀데모스, 그 어떤 것은 알고 있는 상태죠." 내가 말했네. "그런다고 당신이 조금이라도 덜 모르는 상태가 되나요? 좀 전에 당신은 아는 상태라고 말했습니다. 그리고 그렇게 해서 당신은 당신 자신이 현재 당신인 그런 사람이자, 동일한 것*과 관련해서 동시에 당신이 아니기도 하군요."

"좋습니다, 에우튀데모스." 내가 말했네. "정말 속담처럼, 당신은 '하는 말마다 아름다운 말만' 하시는군요.[142] 그러면 우리가

* 앎의 상태

c

d

찾아 왔던 그 앎을 어떻게 해서 내가 알고 있는 것이죠? 동일한 것이 있으면서 있지 않은 것이야 불가능하기에, 내가 하나를 알고 있으면 모든 것을 알고(왜냐하면 그렇지 않다면 나는 아는 상태이면서 동시에 알지 못하는 상태일 테니까요.), 내가 모든 것을 알고 있으니, 나는 그 앎도 아는군요. 정말이지 당신들의 말씀은 그런 것이고, 이것이 당신들이 말하는 지혜로운 것입니까?"

e   "당신 스스로 자신을 논박하는군요, 소크라테스." 그분이 말했네.

"어떻습니까, 에우튀데모스? 당신은 이와 똑같은 상태가 아닌가요? 나는 정말이지 당신과 함께, 그리고 여기 계신 친애하는 디오뉘소도로스와 함께라면, 무엇을 겪는다 해도 나는 그다지 화가 끓어오르지는 않을 겁니다. 내게 말씀해 주십시오. 두 분은 있는 것들 중 일부는 알고 일부는 모르지 않습니까?"

"전혀요, 소크라테스." 디오뉘소도로스가 말했네.

"무슨 말씀들이시지요? 아니 그러면 두 분은 아무것도 모르시나요?" 내가 말했네.

"천만에요." 그분이 말했네.

294a   "그러면 무엇인가를 알기 때문에 두 분은 모든 것을 아십니까?" 내가 말했네.

"모든 것이죠." 그분이 말했네. "게다가 당신 역시 하나라도 안다면 모든 것을 알죠."

"세상에." 내가 말했네. "당신은 너무도 놀라운 것을 말씀하고 계시고, 대단한 좋은 것이 등장하고야 말았군요. 다른 모든 사람 역시 모든 것을 알거나, 아니면 아무것도 모른다는 말씀은 아니시지요?"

"그들이 일부는 알고 일부는 모르는 것도, 아는 상태이면서 동시에 모르는 상태인 것도 분명 아닐 테니까요." 그분이 말했네.

"그래서요?" 내가 말했네.

"만일 하나라도 안다면 모든 사람은 모든 것을 아는 것입니다." 그분이 말했네.

"신들께 맹세코, 디오뉘소도로스 (두 분이 드디어 진지하시다는 b 것을 내가 이제야 분명히 알겠고 당신들이 진지한 모습을 보이시도록 내가 어렵사리 권했기에 드리는 말씀입니다), 당신들 두 분 자신은 정말로 모든 것을 알고 있습니까? 예를 들어서 목공 기술과 갖바치 기술을 아시나요?" 내가 말했네.

"물론이지요." 그분이 말했네.

"정말 두 분은 신발 고치는 일도 할 수 있다고요?"

"물론 기울 줄 알지요." 그분이 말했네.

"별들이 얼마나 되는지, 모래는 또 얼마나 되는지와 같은 것도 아십니까?"

"물론이지요." 그분이 말했네. "그럼 당신은 우리가 동의하지 못하리라고 생각하시나요?"

c 그러자 크테십포스가 끼어들며 말했네. "제발, 디오뉘소도로스, 그것들의 증거를 뭔가 입증해 보이시죠. 두 분이 진실을 말하고 있다는 것을 내가 알 수 있는 만큼의 증거를 말씀입니다."

"무엇을 입증해 보일까?" 그분이 말했네.

"당신은 에우튀데모스가 치아를 얼마나 가지고 계시는지 알고, 에우튀데모스는 당신이 얼마나 가지고 있는지 아나요?"[143]

"자네는 우리가 모든 것을 안다는 사실을 들은 것으로 충분하지 않은가?" 그분이 말했네.

"결코요." 그가 말했네. "두 분은 이것을 우리에게 말씀해 주시고 두 분이 진실을 말씀하시고 계시다는 점을 입증해 보여 주시죠. 그리고 당신들 각자가 치아를 얼마나 가지고 있는지 두 분이 말씀해 주신다면, 그리고 우리가 세어 봐서 당신들이 아시는 것이 분명하다면, 그제야 우리는 다른 것들과 관련해서도 당신들의 말을 믿을 것입니다."

d 그래서 두 분은 놀림 당하고 있다고 생각해서 응하려 하지 않았지만 크테십포스가 하나하나 물어보았을 때는, 모든 것을 알고 있다는 데 동의했네. 사실 크테십포스는 아주 대놓고 모든 것을 물었고, 아주 수치스런 것들을 그들이 아는지까지도 물었네. 크리톤, 멧돼지들이 사냥꾼들의 창들에 뛰어들듯이 그 두 분은 아주 용기 있게 질문들에 대해 안다고 동의함으로써 대들었고,

e 그래서 나 자신도 역시 믿기지 않아서 결국은 디오뉘소도로스가

춤출 줄도 아느냐고 에우튀데모스에게 물을 수밖에 없었네. 그런데 그분이 말했네. "물론입니다."

"그만한 연세에 단검들 사이로 뛰어들어 재주넘고 바퀴 위에서 빙글빙글 돌 만큼[144] 그렇게까지 지혜에 이르지는 않았겠지요?" 내가 말했네.

"안 될 것은 아무것도 없지요." 그분이 말했네.

"두 분은 지금만 모든 것을 알고 있는가요, 아니면 항상 그런가요?"

"항상 그렇지요." 그분이 말했네.

"당신들이 어릴 때도, 갓 태어나서도 모든 것을 알았나요?"
양쪽이 동시에 인정했네.

그러자 우리에게는 그 일(것)이 믿을 수 없는 일로 보였네. "소 295a
크라테스, 당신은 못 믿겠습니까?" 에우튀데모스가 말했네.

"당신들이 지혜롭다는 것이 일리가 있다는 점만 빼고요." 내가 말했네.

"하지만 당신이 내게 대답할 의향이 있다면, 나는 당신도 이와 같은 놀라운 것에 동의하고 있다는 사실을 입증해 보이겠습니다." 그분이 말했네.

"그 점에 관련해서는 기꺼이 논박당하겠습니다." 내가 말했네. "그래서 정말이지 내 자신도 모르게 내가 지혜로우며 모든 것을 알고 있고, 그것도 언제나 그렇다는 것을 당신이 입증해 보일 거라면, 내 평생 이보다 더 큰 어떤 횡재를 내가 발견하겠습니까?"

"그럼 대답해 보시오." 그분이 말했네.

b "대답하리라 생각하시고 물어보시죠."

"그러면 소크라테스, 당신은 어떤 것을 아는 상태입니까, 아니면 알고 있지 않은 상태입니까?" "나야 아는 상태지요." "그러면 당신은 무엇을 통해 아는 상태가 된 겁니까? 당신이 아는 상태가 된 그것에 의해 아는 것입니까, 아니면 다른 것에 의해서 아는 것입니까?" "아는 상태가 된 그것에 의해서죠. 당신이 혼을 염두에 두고 말씀하신다고 생각하거든요. 그것을 말씀하시는 게 아니던가요?"

"소크라테스, 부끄럽지도 않습니까? 질문을 받으면서 반문하다니요?"

"좋습니다." 내가 말했네. "하지만 내가 어떻게 해야 합니까? 당신이 분부하시는 대로 할 거거든요. 당신이 무엇을 물으시는지 내가 모를 때도 나보고 되묻지 말고 대답하라고 분부하시는 겁니까?"

c "당신은 내가 말하는 것을 어느 정도는 짐작할 텐데요?" 그분이 말했네.

"나는 그렇죠." 내가 말했네.

"그러면 당신이 짐작하는 것과 관련해서 대답하시죠."

"어떻습니까?" 내가 말했네. "당신은 달리 생각해서 물어보시고, 나는 또 달리 이해해서 그와 관련해서 대답하고, 그래서 만약 내가 전혀 당신의 의도에 맞지 않게 대답하더라도 당신은 만족하시겠습니까?"

"나로서야 그렇지요." 그분이 말했네. "물론 당신은 그렇지 않겠지만요. 내 생각에 말이죠."

"하지만 그럼 나는 이해할 때까지는 절대 대답하지 않겠습니다." 내가 말했네.

"소크라테스 당신은 그때그때 이해하게 될 것들과 관련해서 대답하지 못할 것입니다. 당신이 바보 같은 소리나 하고 있고 필요 이상으로 구닥다리니까요."

그러자 나는 그분이 이름들을 둘러 세워서* 나를 사냥할 셈이라서 논의되는 것들을 내가 구별하는 것에 성내고 있다는 것을 알았네. 그래서 나는 콘노스** 생각이 났네. 그도 역시 내가 그에게 순종하지 않을 때면 매번 내게 화를 냈고, 그러고는 무지하다고 해서 나를 덜 돌봐 주었다네. 그리하여 나는 에우튀데모스에게도 배우러 다니리라고 마음먹었기 때문에, 그분이 나를 아둔하다고 생각해서 제자로 안 받아 주는 일이 없도록 그분에게 순종해야겠다고 생각했네. 그래서 내가 말했네. "에우튀데모스, 그

d

e

---

* 낱말을 가지고 소크라테스를 꼼짝 못 하게 만들려고 한다는 뜻이다.

** 272c 참조

렇게 하는 것을 당신이 좋다고 생각하신다면 해야지요. 아무래도 당신이 어설픈 사람의 기술을 가진 나보다는 전적으로 더 훌륭하게 대화를 나눌 줄 아실 테니까요. 그러니 처음부터 다시 물어보시죠."

"당신은 당신이 아는 것들을 무언가에 의해서 아는지, 그렇지 않은지 다시 대답해 보시오." 그분이 말했네. "나는 혼에 의해서 알지요." 내가 말했네.

296a "이 사람이 또다시 질문 받은 것들에 덧붙여 대답하는군."[145] 그분이 말했네. "내가 묻는 것은 그 '무언가'가 아니라 '당신이 무언가에 의해서 아는지 어쩐지'입니다."

"내가 다시 교육 부족으로 필요 이상으로 대답했군요. 하지만 나를 좀 봐주세요. 앞으로는 '내가 알고 있는 것을 무언가에 의해 안다'고 단순하게 대답할 테니까요." "적어도 언제나 동일한 그 무언가에 의해서 압니까, 아니면 어떤 때는 이것에 의해서, 어떤 때는 다른 것에 의해서 압니까?" 그분이 말했네. "내가 알 때면 언제나 동일한 그것으로요." 내가 말했네.

"당신은 이번에도 덧붙여 떠벌이는 일을 그만두지 못하겠소?" "이 '언제나'가 우리를 조금이라도 걸어 넘기지 않게 하느라고요."

"하지만 그렇더라도 그건 우리가 아니고 당신이오." 그분이 말했네. "대답하시오. 당신은 언제나 그것으로 압니까?" "내가 '알

b

84

때면'에서 '때면'을 빼야 한다면 언제나지요." 내가 말했네. "그렇다면야 언제나 그것에 의해서 아는군요. 그런데 당신은 언제나 알면서 어떤 것들은 당신이 아는 그것에 의해서 알지만, 다른 것들은 다른 것에 의해서 아요, 아니면 그것에 의해서 모든 것을 아요?" "그것에 의해서 적어도 내가 아는 모든 것 전부를 압니다." 내가 말했네.

"또 그러는군요." 그분이 말했네. "덧붙이는 말이 똑같이 등장했어요."

"'적어도 내가 아는'을 빼겠습니다."

"아니, 하나도 빼지 마세요." 그분이 말했네. "나는 당신에게 필요한 것이 아무것도 없으니까요. 내게 대답해 보시오. 당신이 하나하나를 다 알지 못한다면 모든 것 전부를 알 수 있을까요?"[146]

"그렇게 된다면, 그건 참 괴상하겠군요." 내가 말했네.

그러자 그분이 말했네. "그러면 이제 당신이 원하는 것을 덧붙이시죠. 당신은 자신이 하나하나를 다 안다는 데 동의하고 있으니까요."

"보아하니 '적어도 내가 아는'이 아무런 힘을 못 쓰는 통에 나는 모든 것 전부를 아는 모양이군요." 내가 말했네.

"이리하여[147] 당신이 알 때든 당신이 원하는 그 어떤 식으로든 당신은 자신이 아는 그것에 의해서 안다고, 그것도 언제나 안다고 동의했습니다. 당신이 언제나 안다고, 그것도 하나하나를 다

동시에 안다고 동의했기 때문이죠. 그러니 당신이 아이일 때도, 당신이 태어났을 때도, 태아일 때도 당신은 알고 있었던 것이 분명합니다. 그리고 당신이 언제나 안다면, 당신 자신이 생기기 전에도, 하늘과 땅이 생기기 전에도 당신은 모든 것 전부를 다 알고 있었습니다. 그리고 맹세컨대 내가 원하면 당신 자신은 언제나 알고, 그리고 하나하나를 다 알 것입니다."

"지극히 존경받는[148] 에우튀데모스, 정말이지 당신이 참으로 진실을 말씀하고 계시다면, 꼭 좀 당신이 원하셨으면 좋겠습니다." 내가 말했네. "하지만 당신의 형제분인 여기 계신 디오뉘소도로스가 당신과 함께 원하지 않으면, 나는 당신이 그렇게 하시기에 충분하다고는 확신할 수가 없습니다. 그분도 함께 원하신다면 아마 그러겠지만요. 내게 말씀들 해 주십시오." 내가 말했네. "당신들이 그렇지 않다고 말씀하시는 터에, 내가 모든 것을 알고 있지는 않다는 것을 두고 지혜에 있어 이처럼 기이한 사람들인 당신들과 내가 어떻게 논쟁해야 할지를 다른 경우들에는 알지 못하겠습니다. 다만 다음과 같은 경우는, 즉 훌륭한 사람들이 부정의하다는 것을 내가 어떻게 안다고 말할 수 있을까요, 에우튀데모스? 자, 말씀해 주세요. 나는 그것을 아나요, 아니면 알지 못하나요?"

"당연히 당신은 알지요." 그분이 말했네.

"뭘 말입니까?" 내가 말했네.

"훌륭한 사람들이 부정의하지 않다는 것 말이지요."

"그거야 물론 전부터 알고 있지요." 내가 말했네. "하지만 나는 297a
그것을 묻고 있는 게 아닙니다. 그게 아니라 훌륭한 사람들이 부
정의하다는 것을 나는 어디서 배웠을까요?"

"어디서도 배우지 않았죠." 디오뉘소도로스가 말했네.

"그러면 나는 그것을 알지 못하는 것이군요." 내가 말했네.

"네가 논의(말)를 망치고 있구나. 그리고 여기 있는 이 사람은
알지 못하는 것으로 드러날 뿐만 아니라 아는 상태이면서 동시
에 알지 못하는 상태로 드러날 것도 분명해." 에우튀데모스가 디
오뉘소도로스에게 말했네. 그러자 디오뉘소도로스는 얼굴이 달
아올랐네.

"무슨 말씀이시죠, 에우튀데모스?" 내가 말했네. "당신이 보기
에는 하나하나를 다 알고 있는 당신 형제가 말한 것이 옳게 보이 b
지 않나요?"

"정말 내가 에우튀데모스의 형제인가요?" 디오뉘소도로스가
얼른 끼어들었네.

그러자 내가 말했네. "여보세요, 훌륭한 사람들이 부정의하다
는 사실을 내가 안다는 것을 에우튀데모스가 내게 가르쳐 주기
전까지는 가만 계시고 내 배움을 시샘하지 마세요."

"소크라테스, 당신은 달아나는군요." 디오뉘소도로스가 말했
네. "그리고 대답하고 싶어 하지 않는군요."

"그럴 만도 하지요." 내가 말했네. "사실 나는 당신들 중 어느 한쪽보다도 못하기 때문에 두 분에게서 달아나는 것을 망설일 이유가 없지요. 아마도 내가 헤라클레스보다 훨씬 더 하찮기 때문이겠지요. 그는, 여자 소피스트인데다 누군가가 논의(말)에서 머리를 하나 떼어 내면 그녀의 지혜로 하나 대신에 많은 머리들을 내미는 휘드라*와, 내가 보기에 최근에 바나에서 온, 내가 보기에는 최근에 상륙한 또 다른 한 소피스트인 게**와 싸워 낼 수 없었습니다.[149] 게가 그의 왼편에서 말하고 깨물어서 자신을 몹시 괴롭히자, 그는 조카인 이올라오스를 조력자로 불렀고, 그는 헤라클레스를 너끈히 도와주었지요. 하지만 나의 이올라오스가 온다면, 반대되는 일을 더 많이 할 것입니다."[150]

"당신이 그 찬양을 했으니 대답해 보시오." 디오뉘소도로스가 말했네. "이올라오스는 헤라클레스의 조카인가요, 아니면 당신의 조카인가요?"

"디오뉘소도로스, 내가 대충 아는데, 당신은 묻기를 늦추지도 않으실 테고 에우튀데모스가 그 지혜로운 것을 내게 가르쳐 주

---

* 신화에 나오는 머리가 여럿 달린 괴물. 머리를 잘라 내면 그 자리에서 더 많은 머리들이 나와 자랐다고 한다. 헤라클레스에 의해 죽임을 당했다.

** 헤라가 레르네의 늪지에서 기르던 게로 휘드라를 도우러 갔다가 헤라클레스에 의해 죽임을 당했다. 이 죽음을 가상히 여긴 헤라 여신이 이 게를 별자리로 만들어 주었다.

지 않도록 시샘하고 막을 테니, 당신에게 대답하는 것이 나로서는 제일 좋겠군요." "대답하시죠." 그분이 말했네. "그럼 대답하겠습니다. 그는 헤라클레스의 조카고, 내 생각에는 결코 내 조카 e 가 아닙니다. 그의 아버지는 나의 형제인 파트로클레스가 아니라 헤라클레스의 형제이자 이름이 비슷한 이피클레스이기 때문입니다." "파트로클레스가 당신의 형제라고요?" 그분이 말했네. "물론이지요. 비록 아버지는 같지 않지만 어머니는 같지요." 내가 말했네. "그러면 그는 당신에게 형제이기도 하고 형제가 아니기도 하군요." "대단한 분, 적어도 아버지는 같지 않지요." 내가 말했네. "그의 아버지는 카이레데모스였고, 나의 아버지는 소프로니스코스였으니까요." "소프로니스코스와 카이레데모스는 아버지군요." 그분이 말했네. "물론입니다. 한 분은 내 아버지요, 298a 다른 한 분은 그의 아버지지요." 내가 말했네. "그러면 카이레데모스는 아버지와 다르지 않나요?" 그분이 말했네. "적어도 내아버지와는 다르지요." 내가 말했네. "그렇다면 아버지와 다르다면 아버지인가요? 아니면 당신은 당신과 돌이 같다고 봅니까?" "나로서는 당신에 의해 그것이 나와 같은 것으로 드러날까 봐 걱정했었습니다." 내가 말했네. "내게는 그렇게 여겨지지 않지만요." "그러면 당신은 돌과 다르겠군요?" 그분이 말했네. "당연히 다르지요." "그러면 당신이 돌과 다른 어떤 것이라면 돌이 아니군요? 그리고 당신이 황금과 다르다면 황금이 아니군요?" "그렇습니다." "카이레데모스 역시 아버지와 다르다면 아버지가 확실히 아니군요." 그분이 말했네. "아버지가 아닌 것 같네요." 내가 말했네.

b "카이레데모스가 아버지인 것이 분명한 경우, 이번에는 반대로 소프로니스코스가 아버지와 다르니까 아버지가 아니군요." 에우튀데모스가 끼어들며 말했네. "소크라테스, 그래서 당신은 아버지가 없군요."

그러자 크테십포스가 이어받아 말했네. "그런데 당신들의 아버지 역시 이와 같은 처지에 놓이지 않으셨나요? 그는 나의 아버지와 다릅니까?" "전혀 아닐세." 에우튀데모스가 말했네. "그렇다면 같은가요?" 그가 말했네. "당연히 같지." "우리의 바람은
c 서로 다르군요. 하지만 에우튀데모스, 그는 나의 아버지이기만한가요, 아니면 다른 사람들의 아버지이기도 한가요?" "다른 사람들의 아버지이기도 하지." 그분이 말했네. "아니면 자네는 동일한 사람이 아버지이면서 아버지가 아니라고 생각하는가?" "그렇게 생각했고 말고요." 크테십포스가 말했네. "뭐라고?" 그분이 말했네. "황금이면서 황금이 아니라고 자네는 생각하는가? 또는 사람이면서 사람이 아니라고 자네는 생각하는가?" "정말 당신은, 속담처럼 아마포를 아마포에 잇지 않는 것 같군요,[151] 에우튀데모스." 크테십포스가 말했네. "만약 당신의 아버지가 모두의 아버지라면 당신은 끔찍한 일(것)을 말하고 있는 것입니다."

"하지만 사실일세." 그분이 말했네. "사람들의 아버지입니까? 아니면 말들과 다른 모든 동물의 아버지이기도 한 것입니까?" 크테십포스가 말했네. "모두의 아버지지." 그분이 말했네. "당신의 어머니도 어머니인가요?" "나의 어머니는 역시 그렇지." "그러면 당신의 어머니는 바다 섬게의 어머니이기도 하군요." 그가 말했네. "자네 어머니도 역시." 그분이 말했네. "그러면 당신도 피라미[152]와 강아지와 새끼 돼지의 형제이기도 하군요." "자네도 역시." 그분이 말했네. "그러면 당신 아버지는 수돼지고 개이군요." "자네 아버지도 역시 그렇거든." 그분이 말했네.

"자네가 나에게 대답하는 대로 즉시 자네는 다음과 같은 것들에 동의할 걸세, 크테십포스." 디오뉘소도로스가 말했네. "말해 보게. 자네에게는 개가 있는가?" "예, 아주 몹쓸 것이기도 하지요." 크테십포스가 말했네. "그러면 그것은 새끼들이 있는가?" "그것도 아주 각양각색이지요." 그가 말했네. "그러면 그 개가 그것들의 아버지이지 않은가?" "그것이 암캐를 올라타는 것을 바로 내가 봤답니다." 그가 말했네. "그렇다면 어떤가? 그 개는 자네에게 속하지 않은가?" "물론 제게 속합니다." 그가 말했네. "그러면 그것은 아버지이면서 자네에게 속하니, 그리하여 그 개가 자네에게 속하는 자네는 강아지들의 형제가 되지 않는가?"

그러자 크테십포스가 자기보다 먼저 무슨 말을 하지 않도록 디오뉘소도로스가 얼른 다시 끼어들어 말했네. "역시 간단한 것을 계속해서 나에게 대답해 보게." "자네는 그 개를 때리는가?" 그러자 크테십포스가 웃으며 말했네. "당연하지요. 당신을 때릴 수는 없으니까요." "그러면 자네는 자네 자신의 아버지를 때리는 것이 아닌가?" 그분이 말했네.

299a "하지만 그렇게 지혜로운 아들들을 낳아 주신 것을 생각하면 당신들의 아버지를 때리는 것이 훨씬 정의롭겠군요." 그가 말했네. "하지만 정말, 에우튀데모스, 당신들의 아버지이자 강아지들의 아버지는 그와 같은 당신들의 지혜로부터 많은 좋은 것들을 덕 보신 듯하네요."

"하지만 좋은 것은 많이 필요한 것이 전혀 아닐세, 크테십포스. 그분도 그렇고 자네도 그렇고."

"당신 자신도요, 에우튀데모스." 그가 말했네.

b "다른 누구라도 그렇다네. 말해 보게, 크테십포스. 필요할 때에 약을 마시는 것이 병자에게 좋다고 자네는 생각하는가, 아니면 자네가 보기에 그것은 좋지 않은가? 또는 전쟁에 나갈 때, 무장을 하지 않은 것보다는 무장을 하고 가는 것이 좋은가?" "내가 보기에는 좋은 것입니다. 하지만 나는 당신이 뭔가 아름다운 것을 말씀하시는 것이리라고 생각하는데요." 그가 말했네. "자네는 아주 좋은 것들을 알게 될 걸세." 그분이 말했네. "대답해 보게. 필요할 때면 사람에게는 약을 마시는 것이 좋다고 자네가 동의했으니 말인데, 가능한 한 이 좋은 것을 많이 마셔야만 하지

않겠는가? 그리고 만약 누가 독풀[153] 한 마차분을 갈아서 거기에 섞는다면, 그 경우에도 역시 좋을까?" 그러자 크테십포스가 말했네. "물론 굉장히 좋겠죠, 에우튀데모스. 적어도 마시는 사람 c 이 델포이에 있는 인물상 정도 되는 사람이기만 하다면 말이죠." "그러면 전쟁에서도 무장을 하는 것이 좋기 때문에 가능한 한 많이 창과 방패를 가져야 하지 않겠는가? 그것이 좋으니 말이지." 그분이 말했네. "분명하다고 생각합니다." 크테십포스가 말했네. "당신은 그렇게 생각하지 않고 방패 하나와 창 하나면 된다고 생각하나요, 에우튀데모스?" "나는 그렇네." "정말이지 당신은 게 뤼오네스*와 브리아레오스**도 그렇게 무장시키시렵니까? 나는 당신과 여기 계신 동료분이 무기 훈련관이라서 그런 일에 더 능하리라고 생각했었습니다만."

그러자 에우튀데모스는 입을 다물었네. 반면에 디오뉘소도로스는 이전에 크테십포스가 대답한 것들과 관련해서 물었네. "그 d 러면 자네는 금덩어리를 가지는 것 역시 좋다고 생각하는가?" 그분이 말했네. "물론이죠. 그것도 아주 많이요." 크테십포스가 말했네. "그러면 어떤가? 좋은 것들은 언제 어디서나 갖고 있어야 한다고 자네는 생각하지 않는가?" "물론입니다." 그가 말했

---

* 머리가 셋 달린 거인.

** 팔이 백 개인 거인.

네. "그러면 금덩어리도 좋은 것이라고 자네는 동의하지?" "확실히 동의했습니다." 그가 말했네. "그러면 언제 어디서나 가지고 있어야 하고, 그것도 분명히 자신 속에 가지고 있어야 하겠지? 누군가가 뱃속에는 3탈란톤*의 금을, 두개골에는 1탈란톤의 금을, 각 눈에는 금화를 가지고 있다면 그는 더없이 행복할까?" "그렇기 때문에, 에우튀데모스, 당신이 방금 개가 아버지라고 말한 그런 식으로, 사람들이 말하길, 스퀴티아 사람들 중에는 자신들의 두개골에 금덩어리를 많이 가지고 있는 사람들이 가장 행복하고 가장 훌륭한 사람이라고 말하긴 하지요. 더욱더 놀라운 것은 그들이 황금으로 된 자신들의 두개골로 마시며, 자신들의 정수리 부분을 두 손으로 잡고 그것들을 들여다본다는 것이죠."** 크테십포스가 말했네.

"그런데 스퀴티아 사람들을 비롯한 모든 사람은 볼 수 있는 것들을 보는가, 아니면 볼 수 없는 것들을 보는가?" 에우튀데모스가 말했네. "볼 수 있는 것들이겠지요." "그러면 자네도 그렇지 않은가?" 그분이 말했네. "나도 그렇지요." "그럼 말이지 자네는 우리의 겉옷을 보는가?" "예." "그러니까 이것들은 볼 수 있다

---

* 화폐 단위를 겸한 무게 단위. 1탈란톤은 약 26.17킬로그램이다.
** 스퀴티아 사람들은 죽은 이의 두개골을 황금으로 장식하여 술잔으로 사용했다고 한다.

는 말이군." "귀신같이 보지요."[154] 크테십포스가 말했네. "무엇을 보는가?" 그분이 말했네. "아무것도 아닌 것을요. 하지만 아마 당신은 그것들이 본다고 생각하지 않으실 겁니다.[155] 당신은 그 정도로 천진하다니까요. 하지만 내게는, 에우튀데모스, 당신이 자지 않으면서 잠든 것으로 보이고,[156] 또한 만약 말하면서 아무것도 아닌 말을 할 수 있다면,[157] 당신 역시 바로 그 말을 만들고[158] 있는 것으로 보입니다."

"침묵하는 것들은 정말 말할 수 없는가?"[159] 디오뉘소도로스가 말했네. "어떻게도 안 됩니다." 크테십포스가 말했네. "그러면 또한 말하는 것들은 침묵할 수 없는가?" "훨씬 더 안 되지요" "하지만 돌과 나무와 쇠붙이를 자네가 말한다면, 침묵하는 것들을 자네가 말하는 것이 아닌가?" "내가 대장간들 사이를 지나가는 경우를 놓고 보면 그렇지 않습니다. 그때 누가 쇠붙이들을 건드리면 그것들이 큰 소리로 울고 아우성친다고들 하거든요.[160] 이리하여 이 경우에 당신의 지혜에 의해 당신 자신도 알지 못하는 사이에 아무것도 아닌 말을 하셨군요.[161] 하지만 다른 한편 말하는 것들은 어떻게 침묵할 수 있는지, 또 다른 논증을 계속해서 내게 보여 주시죠."[162]

그러자 내게는 크테십포스가 자기가 사랑하는 소년 때문에 지나치게 전투적[163]이 되는 것으로 보였네. "침묵할 때면 자네는 모든 것에 대해 침묵하지 않는가?" 에우튀데모스가 말했네. "나야 그렇지요." 그가 말했네. "그 모든 것에 말하는 것들이 속한다면, 말하는 것들에 대해서도 자네는 침묵하지 않는가?"[164] "어떻습니까? 모든 것은 침묵하지 않나요?"[165] 크테십포스가 말했네. "전혀 그렇지 않네." 에우튀데모스가 말했네. "지극히 훌륭하신 분, 그렇다면 모든 것은 말하나요?" "말하는 것들이야 분명 그렇겠지." "하지만 나는 그걸 묻는 게 아니라 모든 것은 침묵하는지 아니면 모든 것은 말하는지를 묻는 겁니다."[166] 그가 말했네.[167]

d   "둘 다 사실이 아니기도 하고 둘 다 사실이기도 하지." 디오뉘소도로스가 황급히 가로채서 말했네. "그 대답을 사용해 무엇을 해야 할지 자네가 알지 못하리라는 것을 내가 잘 알고 있거든." 그러자 크테십포스는 그의 버릇대로 아주 크게 폭소를 터트리며 말했네. "에우튀데모스, 당신의 형제가 당신의 논의(말)를 이것도 되고 저것도 되게 만들어 놓았고,[168] 그것을 망치고 지게 만들어 놓았군요." 그러자 클레이니아스는 아주 기뻐하며 웃었고, 그래서 크테십포스는 열 배나 더 의기양양해 했네. 크테십포스는 무엇이든 할 수 있는 사람이라서 내가 보기에는 바로 이들로부터 바로 이것들을* 귀동냥한 것 같았네. 요즘 사람들 중에서 이와 같은 지혜를 갖고 있는 사람이 이들 말고는 없기 때문일세.

e   그러자 내가 말했네. "클레이니아스, 왜 자네는 그렇게 진지하

* 소피스트들이 하는 말재간.

96

고 아름다운 일(것)들을 두고 웃나?"

"지금껏 아름다운 사물(일)을 본 적이 있어서 하는 소립니까, 소크라테스?" 디오뉘소도로스가 말했네.

"나는 봤지요. 그것도 많이 봤지요, 디오뉘소도로스." 내가 말했네.

"그러면 그것들이 아름다운 것과 다르던가요? 아니면 아름다 301a 운 것과 같던가요?"[169] 그분이 말했네.[170]

그러자 나는 어려운 문제로 인해 엄청난 곤경에 처했고[171] 내가 좋알거린 탓에 마땅한 일을 당한 거라고는 생각했지만, 그럼에도 불구하고 말로는 '아름다운 것 자체와는 그것들이 다르다. 하지만 그것들 각각에 어떤 아름다움이 자리하기는 한다'고 말했네.

"그러면 소가 당신 곁에 자리하면 당신이 소고, 지금 내가 당신 곁에 자리하고 있기 때문에 당신이 디오뉘소도로스요?"[172] 그분이 말했네.

"벌 받을 소릴랑은 마세요."[173] 내가 말했네.

"하지만 다른 것이 다른 것에 자리하면 무슨 수로 다른 것이 다를 수 있겠습니까?"[174, 175] 그분이 말했네.

"그러니까 그 점을 어려워하신다는 말씀이십니까? 나는 두 분 b 의 지혜를 열망한 나머지 이미 그 지혜를 흉내내려 했는데요."[176]

"사실 '그렇지 않은 것'[177]에 대해 나를 비롯한 다른 모든 사람이 어떻게 어려워하지 않겠습니까?"[178] 그분이 말했네.

"디오뉘소도로스, 무슨 말씀이시죠? 아름다운 것은 아름답고 부끄러운 것은 부끄럽지 않나요?"[179] 내가 말했네. "나에게 그렇게 보인다면."[180] 그분이 말했네. "그러면 그것이 그렇게 보이나요?" "물론입니다." 그분이 말했네. "그러면 동일한 것은 동일하고 다른 것은 다르지 않나요?[181] 분명 다른 것이 동일하지는 않을 테니까요. 아이들조차도 다른 것이 다르다는 사실을 어려운 문제로 여기리라고는 나는 생각하지 않았습니다. 하지만 디오뉘소도로스, 당신은 이 점을 일부러 빠뜨렸습니다. 다른 점들에서는 당신들은 마치 각자의 일을 완수하기에 적합한 장인들처럼 당신들 역시 대화를 나누는 일을 지극히 아름답게 완수하는 것으로 보였으니 말입니다."

"그럼 당신은 장인들 각자에게 적합한 일이 무엇인지 아십니까? 일단 대장일을 하기에 누가 적합한지[182] 아십니까?" 그분이 물었네. "알죠. 대장장이죠." "도기 만들기에 적합한 사람은요?" "도공이죠." "도살하고 가죽 벗기고 고기 토막을 잘게 잘라서 삶고 굽기에 적합한 사람은요?" "요리사죠."[183] 내가 말했네. "그러면 누군가가 적합한 것들을 한다면, 그는 옳게 하는 것이 아니겠습니까?" 그분이 말했네. "물론이죠." "그런데 당신이 말하는 대로라면 요리사는 잘게 자르고 벗기는 것이 적합한가요? 당신은 거기에 동의했습니까, 안 했습니까?" "동의하긴 했습니다만 용서해 주시죠." 내가 말했네. "그럼 누군가가 요리사를 도살하고 가죽을 벗겨서 삶고 구우면 그가 적합한 것을 하는 셈이라는 것이 분명하군요." 그분이 말했네. "그리고 누가 대장장이 자신을 벼리고 도공을 도기로 만든다면, 이 사람도 적합한 것들을 하는 셈이겠군요."

"맙소사, 당신은 바야흐로 당신의 지혜에 종지부[184]를 찍는군요. 언제야 그것이 내게 자리하여 내 자신의 것이 될까요?" e

"소크라테스, 당신 것이 되면 그것을 알아보기는 하겠습니까?" 그분이 말했네.

"당신이 원하시기만 하면 그건 확실하겠지요." 내가 말했네.

"뭐라고요? 당신은 당신 자신의 것들을 안다고 생각한다는 말인가요?"

"당신이 뭔가 다른 뜻으로 하시는 말씀이 아니라면요. 왜냐하면 무엇을 하든 우리는 당신에서 시작해서 여기 있는 에우튀데모스에게서 끝내야 하기 때문이죠."[185]

"그럼 당신은 당신이 다스리고, 또 당신이 원하는 데면 아무 302a 데나 사용할 수 있는 것들을 당신의 것이라고 생각합니까? 예를 들면 당신은 당신이 팔 수도 있고 줄 수도 있고 당신이 원하는 신에게 제물로 바칠 수도 있는 소나 양을 당신 것이라고 생각합니까? 그럴 수 있는 것이 아닌 경우에는 당신 것이 아니라고 생각하고요?" 그분이 말했네.

그러자 나는 바로 그 질문들로부터 뭔가 아름다운 것이 머리를 치켜들리라는 사실을 알았기 때문에, 또 그와 동시에 가급적 빨리 듣고 싶었기 때문에, "물론 그렇습니다. 그런 것들만이 나의 것입니다."라고 말했네. "어떻습니까? 당신은 혼을 가진 것들을 살아 있는 것이라 부르지 않습니까?" 그분이 말했네. "예." 내가 말했네. "그러면 당신은 살아 있는 것들 가운데서 당신이 방금 말한 그 모든 것을 할 수 있는 권한이 당신에게 있는 것들만이 당신의 것이라는 데 동의합니까?" "동의합니다." 그러자 그는 뭔가 대단한 것을 숙고하는 듯이 표나게 멈칫하는 척하더니 말했네. "내게 말씀해 보시오, 소크라테스. 당신에게는 조상신 제우스가 있습니까?" 그러자 나는 우리의 논의(말)가 끝장났던 곳에 이르게 되는 것은 아닌지 하는 의심이 들어 이미 그물에 갇히기라도 한 것처럼 몸을 비틀어 빠져나오려고 어림없는 수를 썼네. "없습니다, 디오뉘소도로스." 내가 말했네. "그러면 당신은 조상신들도 없고 사당도 없고 아름답고 훌륭한 다른 어떤 것도 전혀 없는[186] 가련한 한 사람이요 아테네 사람도 아니군요." "아이고 디오뉘소도로스, 벌 받을 소리 마시고 앞질러 가르쳐서 나를 어렵게 하지도 마십시오." 내가 말했네. "내게는 가족과 조상의 제단과 사당이 있으며, 그 밖에도 다른 아테네 사람들에게 있는 그런 것들은 모두 있으니까요." "그렇다면 다른 아테네 사람들에게 조상신 제우스가 없다는 말입니까?" 그분이 말했네. "이 나라에서 이주해 간 사람이든 우리든 어떤 이오니아 사람에

게도 이런 별칭[187]은 없습니다.[188] 하지만 이온의 가계[189]에 따라   d
서 조상신 아폴론은 있지요. 우리 사이에서는 제우스는 조상신
이라 불리지 않고, 가정과 부족의 제우스라 불리며, 아테나이아
[190]도 부족의 아테나이아라 불립니다." 내가 말했네. "아, 충분합
니다." 디오뉘소도로스가 말했네. "당신에게는 아폴론과 제우스
뿐만 아니라 아테네도 있는 것 같으니까요." "물론입니다." 내가
말했네. "그러면 이들도 당신에게는 신이 아니겠습니까?" 그분
이 말했네. "시조들이고 주인들이죠." 내가 말했네. "어쨌든 당
신에게 신이 있군요." 그분이 말했네. "아니면 당신은 그들이 당
신의 신이라고 동의하지 않았던 것인가요?" "동의했습니다. 내
가 어떤 꼴을 당하게 되길래 그러시는 거죠?" 내가 말했네. "이
신들은 살아 있기도 하지 않습니까?" 그분이 말했네. "혼을 가   e
지고 있는 것들은 살아 있는 것이라고 당신이 동의했으니 말이
죠.* 아니면 이 신들은 혼을 가지고 있지 않은가요?" "가지고 있
지요." 내가 말했네. "그러면 그들은 살아 있는 것[191]이기도 한가
요?" "살아 있는 것입니다." 내가 말했네. "그런데 살아 있는 것
들 중에서 당신이 줄 수도 있고 팔 수도 있고 당신이 원하는 신
에게 제물로 바칠 수도 있는 것들은 당신 것이라는 데 당신은 동
의했습니다." "동의했지요. 내게는 후퇴가 허용되지 않으니까요,

*   302b1

에우튀데모스." 내가 말했네. "자, 내게 즉시 대답하시오. 제우
303a 스와 다른 신들이 당신 것이라고 동의한다면, 당신은 그들을 팔
거나 주거나 아니면 다른 살아 있는 것들에게 하듯 당신이 원하
는 데면 아무 데나 사용할 수 있습니까?" 그분이 말했네.

그래서 나는 논의(말)에 의해 매질을 당하기라도 한 것처럼 잠
자코 있었네, 크리톤. 그런데 크테십포스가 나를 돕겠다는 생각
에 달려들었네. "우와 헤라클레스여,[192] 아름다운 논의(말)군요!"
그러자 디오뉘소도로스가 말했네. "헤라클레스가 우와란 말인
가, 우와가 헤라클레스란 말인가?" 그러자 크테십포스가 말했
네. "능란한[193] 논의(말)로군요, 포세이돈이여! 나는 물러납니다.
두 분에게 대적할 수는 없어요."

b   여보게 크리톤, 그때 함께 자리하던 사람들 중에서 그 말과 두
사람을 넘치게 칭찬하고 죽겠다고 웃고 박수 치며 기뻐하지 않
은 사람은 하나도 없었네. 이전에 나온 것들 하나하나의 경우에
는 전부 다 에우튀데모스의 추종자들만이 요란하게 법석을 떨었
지만 이번에는 거의 뤼케이온에 있는 기둥들마저도 이 두 사람에
대해 법석을 떨고 기뻐하다시피 했으니 말일세. 그리하여 나 자
c 신 또한 지금껏 그토록 지혜로운 사람들을 본 적이 없다는 데 동
의할 정도의 자세가 되었고, 두 사람의 지혜에 완전히 사로잡혀
서 그 두 분을 칭송하고 찬양하는 쪽으로 돌아서서 말했네. "놀라
운 본성의 복된 두 분, 그토록 대단한 것(일)을 그렇게 빠르고 짧

은 시간에 해치우시다니요. 에우튀데모스와 디오뉘소도로스, 당신들의 말들에는 아름다운 점들이 많이 있습니다. 하지만 그중에서도 특히 고매한 점은 당신들이 많은 수의 사람들이나 소위 비범한 사람들, 또는 뭔가 있어 보이는 사람들에는 전혀 관심이 없 $\quad$ d 고 당신들과 닮은 사람들에만 관심이 있다는 점입니다. 왜냐하면 내가 알기로는 분명히 당신들과 닮은 아주 소수의 사람들이나 이런 논의(말)들을 좋아하지, 다른 사람들은 그 자신들이 논박당하기보다는 오히려 그와 같은 논의(말)들로 다른 사람들을 논박해 치우는 것을 더 부끄러워할 정도로밖에 그것들에 대해 모르고 있다는 것을 내가 잘 알기 때문입니다. 그런가 하면 당신들의 논의 (말)들에는 남을 위하고 배려하는 또 다른 측면이 있습니다. 당신들이 아름다운 사물(것)도 없고 좋은 사물(것)도 없고 흰 사물(것)도 없고 그런 등등의 다른 어떤 것도 없고 다른 것들과 다른 것 $\quad$ e 도 전혀 없다고[194] 말할 때면 당신들이 말한 대로 그야말로 진짜로 사람들의 입을 꿰매긴 합니다. 하지만 다른 사람들의 입뿐만 아니라 당신들 자신들의 입마저도 당신들이 꿰매는 것 같기도 하다는 점은 참으로 품격이 있을 뿐만 아니라 당신들 말의 고약함을 제거하기도 합니다.[195] 그러나 무엇보다 가장 대단한 것은 이러한 당신들의 말을 사람이면 누구나 아주 짧은 시간에 배울 수 있을 정도로 당신들이 기술에 의해 발견해 냈다는 점입니다. 나 역시 크테십포스에게 주목해 보니 그가 당신들을 얼마나 빨리 바

304a 로바로 흉내낼 수 있었는지 알겠더군요. 그런 만큼 두 분의 이 일
(것)이 갖는 이 지혜로움은 빨리 전수하는 것과 관련해서는 아름
다우나 사람들 앞에서 대화를 나누기에는 적합하지 못합니다. 두
분이 내 말에 일리가 있다고 생각하신다면, 많은 사람들 앞에서
말을 하지 않도록 주의하셔야 합니다. 그들이 너무 빨리 배워 버
려서 당신들의 고마움을 알아보지 못하는 일이 없도록 말입니다.
무엇보다 좋은 것은 당신들 두 분은 서로를 상대로만 대화를 나
누는 것이지만, 그렇지 않고 다른 사람 앞에서 하는 경우에는 당
신들에게 돈을 주는 사람 앞에서만 대화를 나누십시오. 그런데

b 두 분이 제정신이시라면,[196] 똑같은 충고를 제자들에게도 하실 겁
니다. 당신들과 자기 자신들 말고는 어느 사람과도 결코 대화를
나누지 말라고 말입니다. 에우튀데모스, 귀한 것은 값지고, 핀다
로스의 말처럼 물은 아무리 훌륭해도[197] 가장 싸기 때문입니다.
자, 두 분은 부디 나와 여기 있는 클레이니아스를 받아들여 주십
시오." 내가 말했네.

　크리톤, 이런 말들과 그 밖의 다른 짤막한 대화들을 나누고 우

c 리는 헤어졌네. 그러니 그 두 분에게 함께 다니는 게 어떨지 고
려해 보게. 그 두 분이 돈 낼 의향이 있는 사람은 가르칠 수 있고
자질도 나이도 그 어떤 것도 (무엇보다도 재물을 모으는 데 전혀 방
해가 되지 않는다고 하는 그 두 분의 소리가 특히 자네가 들어 두기에
딱 맞는 소리란 말이지.) 누구든 그 두 분의 지혜를 편히 물려받는

데 전혀 방해가 되지 않는다고 말하니 말일세.

크리톤 : 물론 나 역시 듣기 좋아하고 무언가를 기꺼이 배울 마음
은 있네만 아무래도 나도 에우튀데모스와 닮은 사람들 중 하나
가 아니라 자네도 말했던 그 사람들, 즉 논박하기보다는 그런 종   d
류의 말들에 의해 논박당하기를 더 기꺼워하는 사람들 중 하나
일까 봐 걱정일세. 그건 그렇고 자네에게 충고한다는 것이 내게
는 우스꽝스럽게 생각되긴 하지만, 그렇더라도 내가 들은 것만
큼은 자네에게 전하고 싶네. 잘 알아 두게. 자네들 곁을 떠나던
사람들 중에 한 사람이 거기서 거닐고 있던 나에게 다가왔네. 그
는 스스로 아주 지혜롭다고 생각하는 사람으로, 재판용 논변들
에는 능한 사람들 가운데 한 사람이지.[198] "크리톤, 당신은 이 지
혜로운 사람들의 가르침을 전혀 귀 기울여 듣지 못했습니까?"
그가 말했네. "그러게 말이죠. 가까이 서 있기는 했지만 무리들
때문에 똑똑히 들을 수가 없었거든요." 내가 말했네. "그래도 들
을 만한 가치가 있기는 했지요." 그가 말했네. "왜죠?" 내가 말했   e
네. "그런 말들에 관한 한 요즘 사람들 가운데 가장 지혜로운 사
람들이 대화를 나누는 것을 들어 봤어야 했는데 말이죠." 그러자
내가 말했네. "그러면 당신에게는 그들이 어때 보였습니까?" "헛
소리나 하고 아무짝에도 쓸데없는 것에 쓸데없는 공을 들이는
사람들한테서 누구나 들을 수 있는 것 말고 뭐 다른 것이 있겠습
니까?" 그가 말했네. (사실 그는 이런 표현들을 써 가며 이런 식으로

말했네.)[199] 그래서 내가 말했네. "그렇더라도 지혜를 사랑하는 일

305a 은 뭔가 품격이 있는 일(것)이죠." "속 편하신 분, 품격이 있긴 뭐

가 있습니까?" 아무짝에도 쓸모없지요. 그리고 당신이 방금 전

에 자리를 함께하게 되었다면, 당신의 동료를 위하는 마음 때문

에 당신이 아주 부끄러웠으리라 나는 생각하거든요. 그럴 정도

로 그는 아주 이상해서, 자기들이 하는 말은 무슨 말이든 가리지

않고 하고 남이 하는 말*은 무슨 말이든 트집 잡는 사람들에게

자신을 맡길 작정이더군요. 그리고 이 사람들이, 방금 내가 말했

듯이, 요즘 사람들 중에서는 막강한[200] 축에 든다니까요. 그래봐

야, 크리톤, 그 일(것) 자체나 그 일로 시간을 보내는 사람들이나

다 하찮고 우스꽝스럽지요." 그가 말했네. 소크라테스, 내게는

b 이 사람이 그 일(것)**을 비난하는 것이 옳다고 생각되지도 않았

고, 다른 누가 비난하더라도 같은 생각이었을 게야. 그렇지만 그

런 사람들과 많은 사람 앞에서 대화를 나누려 든다고 하는 점에

대해서는 그 사람이 옳게 비난한 것으로 내게는 보였네.

소크라테스 크리톤, 그와 같은 사람들은 놀랍지.[201] 그런데 말이

지 아직까지는 내가 무슨 말을 해야 좋을지 모르겠네. 자네에게

---

*   이 '말'은 'logos'가 아닌 'rhēma'로 정확한 뜻은 '낱말'이다.

** 철학

다가와서 철학*을 비난한 사람은 어느 쪽에 속하는가? 법정에서 겨루는 데 능한 쪽에 속했는가? 즉 연설가였는가? 아니면 그와 같은 이들을 법정에 들여보내는 쪽에 속했는가? 즉 연설가들이 겨루는 수단인 논변(말)들의 작성자였는가?

크리톤   연설가는 절대 아니고 내 생각에 그는 법정에 올랐던 적   c
조차 없었을 것이네. 하지만 사람들 말로는 그가 그 일에 대단한 전문가이자 능한 사람이며, 능란한 논변(말)들을 꾸며 낸다고 하지.

소크라테스   이제야 알겠네. 그렇잖아도 나 역시 이 사람들에 관해서 막 말하려던 참이었네. 이 사람들이 바로 프로디코스가 철학자들**과 정치가들의 중간 지대라고 말했던 사람들이거든. 이들은 자신들이 모든 사람들 중에서 가장 지혜롭고, 실제로도 그럴 뿐만 아니라 아주 많은 사람들에게 그렇게 보이기도 한다고 생각하지. 그래서 철학에 관계하는 사람들 말고는 자신들이 모든 사람에게서 좋은 평판을 받는 데 방해가 되는 사람은 아무도   d
없다고 생각하지. 그래서 만약 이들***의 평판을 깎아내려 이들이 아무짝에도 쓸데없는 사람들로 보이게끔 한다면, 비로소 자신

---

*   philosophia. 지금까지 '지혜에 대한 사랑' 등으로 번역한 것과 같은 말이다.

**   어원적으로 '지혜를 사랑하는 사람들'이다.

*** 철학에 관계하는 사람들.

들이 이론의 여지없이 지혜에 관한 평판에서 모든 이로부터 우
승상을 받게 되리라고 생각하지. 왜냐하면 사실은 자신들이 가
장 지혜로운데도 개인적인 논변(말)들에 휘말리게 될 때면 에우
튀데모스와 그 제자들에게 망신을 당한다고 그들은 생각하거
든. 그런데도 그들은 자신들이 대단히 지혜롭다고 생각하지. 그
럴 법도 한 것이 그들은 자신들이 한편으로는 철학에 적절히게
관여하고, 다른 한편으로는 정치적인 일들에 적절하게 관여한
e 다고 생각하며, 그 근거(말)도 아주 그럴듯하다고 생각하거든.
왜냐하면 그들은 자신들이 필요한 만큼 양자에 관여하며 위험
과 경쟁의 밖에서 지혜의 결실을 즐기고 있다고 생각하기 때문
이지.

크리톤 그럼 어떤가? 소크라테스, 자네에게는 그들의 말이 의
미가 있다고 생각되는가? 아닌 게 아니라, 그 사람들의 말만큼
은 뭔가 그럴듯한 모습을 하고 있다는 점은 인정해야 하거든.

306a 소크라테스 크리톤, 정말이지 그들의 말은 진리라기보다는 그
럴듯한 모습을 하고 있지. 사실 그들에게 다음과 같은 사실을 설
득하기란 쉽지 않지. 사람이 되었든 다른 어떤 것이 되었든 어떤
둘의 중간에 있으면서 그 둘 다에 관여하는 것들은 그 둘로 이루
어지게 되는데, 그 둘이 각기 좋은 것과 나쁜 것일 경우에는 그
둘 중 어느 하나보다는 더 낫고 다른 하나보다는 더 나쁘게 되
고, 그 둘이 좋긴 하되 그 좋음이 동일한 것에 대한 것이 아닐 경

우에 그것은* 자신을 구성하는 저것들 각각이 유용하게 쓰이는
것[202]에 대하여 둘 다보다 더 나쁘게 되며, 그 둘이 동일하지 않
은 것들에 대해서 나쁜 것일 경우에 그것들의 중간에 있는 것들
만이 자신들이 부분적으로 관여하는 그 둘 각각보다 낫다는 사
실 말이지. 그래서 만약 철학과 정치적 활동이 좋은 것이긴 하
되 각각이 서로 다른 것에 대해서 좋은 것이라면, 이 사람들은
이 둘 다의 중간에서 둘 다에 관여하기 때문에 이들의 말은 의미
가 없을 것이고(둘 다보다 하찮기 때문에), 만약 그 둘이 각기 좋은
것과 나쁜 것이라면 한쪽 사람들보다는 더 낫고, 다른 한쪽 사람
들보다는 더 나쁘겠지. 반면에 둘 다가 나쁜 것이라면, 그 경우
에 그들은 뭔가 참된 것을 말하기는 하겠지만 그렇지 않을 경우
에는 그들의 말은 의미가 없을 것이네. 그러니 내 생각에 그들은
둘 다가 그 자체로 나쁘다는 데 동의하지도 않을 것이고 한쪽은
나쁜 것이고 다른 쪽은 좋은 것이라는 데 동의하지도 않을 것이
네. 하지만 둘 다에 관여하는 이 사람들은 정치술과 철학이 말해
볼 만한 가치를 보이는 각각의 분야에 대해서 실제로는 둘 다보
다 못하고 사실상 세 번째면서도 첫 번째인 것으로 보이려 애쓰
지. 하지만 그들의 욕망에 대해서는 그들을 이해해 주어야 하고
화내서는 안 되네. 그와 같은 사람들이 어떠한 사람들인지는 생

b

c

* 양쪽에 관여하는 사람이나 사물들.

d   각해야 하지만 말이지. 왜냐하면 분별에 관련되는 일이라면 무엇이든 말하고 용기 있게 나서서 싸우며 공들이는 사람은 그게 누가 되었든 그 모든 사람을 아껴야 하기 때문일세.

크리톤   그나저나, 소크라테스. 나는 아들들과 관련해서는 내가 노상 자네에게 말하듯이 그들을 어떻게 해야 할지 난감하네. 하나는 아직 어리고 작지만, 크리토불로스는 이미 나이가 들었고 그에게 도움을 줄 누군가가 필요하네. 자네를 만날 때면, 나는 스스로 미친놈이라는 생각이 들 지경일세. 아이들을 위해서 다

e   른 많은 것에 관해서는, 즉 결혼에 관해서는 가장 혈통 좋은 어머니에게서 낳기 위해서, 재물에 관해서는 가능한 한 부유하기 위해서 애쓸 정도의 열성을 다했으면서도 그들의 교육에 관해서는 무관심했으니 말일세. 반면에 사람들을 교육한다고 장담하는 사람들은 누굴 들여다보더라도 언제나 나는 깜짝 놀라네. 내가

307a 살펴보기로는 그들 각자가 내게는 아주 이상스럽게 보이네. 자네니까 사실대로 말하는 걸세. 그래서 나는 어떻게 하면 내 자식을 철학으로 방향을 잡아 줄지를 모르겠네.

소크라테스   여보게 크리톤, 자네는 모든 일에는 하찮은 사람들은 많지만 아무짝에도 쓸데없고, 훌륭한 사람들은 적지만 전적으로 가치 있다는 사실을 모르는가? 신체 단련술, 재물 획득술, 연설 기술과 장군의 기술이 자네에게는 아름다워 보이지 않는가?

크리톤   내게는 전적으로 그렇게 생각되네.

110

소크라테스 그러면 어떤가? 자네는 많은 사람들이 그 기술들 각   b
각의 작업과 관련해서 우스운 꼴을 보인다고 생각하지 않는가?

크리톤 물론일세, 자네 말이 아주 맞는 말일세.

소크라테스 그러면 그렇다고 해서 자네 자신도 모든 일을 피하
고 그것들을 아들에게 맡기지 않을 텐가?

크리톤 그거야 온당하지 않지, 소크라테스.

소크라테스 그러니 크리톤, 하지 말아야 할 일은 하지 말고, 철
학을 추구하는 사람들에 대해서는 그들이 쓸모 있든 쓸모없든
상관하지 말게. 사물(것) 자체를 훌륭하게 잘 검토해서 그것이 자   c
네에게 분명히 하찮아 보인다면 자네 아들뿐만 아니라 모든 사
람이 그것에서 돌아서게 하게. 만약 그것이 내가 생각하는 바로
그런 것으로 보인다면, 속담마따나 그것을 '자네 자신과 자식들
이' 용감하게 탐구하고 연마하게.[203]

주석

1 **뤼케이온** : 소크라테스가 자주 드나들던 체육관으로 아테네 성밖 남동 쪽에 자리했으리라고 추정한다. 아리스토텔레스가 그 옆에 자신의 학 원인 뤼케이온을 세운 것으로도 잘 알려져 있다. 이 대화편 외에 『뤼시 스(Lysis)』, 『카르미데스(Charmidēs)』, 『라케스(Lachēs)』 등에도 뤼케이온 (Lykeion)이 등장한다. 소크라테스도 이런 곳들을 드나들며 많은 젊은 이와 철학적 대화를 나눴지만, 소피스트(Sophistēs)들 역시 젊은이가 많 은 이곳을 찾았던 것으로 보인다. 그 전형적인 모습이 바로 이 대화편 의 도입부에 묘사되는 소크라테스와 젊은이들, 그리고 에우튀데모스와 디오뉘소도로스 두 형제 소피스트들과 그 추종자들의 모습이다.

2 **대화를 나눈** : 'dialegesthai'는 '대화하다'로 해야 우리말로는 자연스럽 겠지만 대화편의 핵심 주제를 드러내기 위해서 '대화를 나누다'로 하 였다. 차차 드러나겠지만 『에우튀데모스』의 핵심 주제 중 하나는 '말' (logos)과 그 말이 지시하는 '사물'(pragma)의 올바른 관계를 해명하는 것이다. '대화를 나누다'(dialegesthai)에도 바로 '서로 말을 주고받다'란 뜻이 담겨 있다고 보았기 때문에 나누는 대상을 분명히 밝히고자 이런 번역어를 택했다. 더구나 소크라테스나 플라톤은 말을 주고받는 대화

를 하면서 말에 그치지 않고, 있는 그대로의 진실, 참된 존재, 사물 자체에 접근하려는 철학 정신을 갖고 있기 때문에 이렇게 번역하는 것이 적절하다. 다만 'dialegesthai' 자체에는 '말'(logos)이 직접 들어가 있지 않기 때문에 다소 완화된 번역을 해서 우리말에 좀 더 어울리도록 했다.

3 자네들 일행은 : 소크라테스와 클레이니아스(Kleinias), 그리고 그를 사랑하여 따라다니는 사람들을 말하는 것으로 보인다. 이 추종자들 중에는 이 대화편에서 중요한 역할을 하는 크테십포스(Ktēsippos)도 끼어 있다.

4 외지인 : 외지인으로 번역한 'xenos'는 일단 말하는 이와 다른 나라(폴리스) 사람을 가리킨다. 때로는 여기에 덧붙여 서로 친분 관계까지 있는 사람을 이르기도 한다. 그래서 남의 나라에 가서 그곳 사람과 이야기를 할 때도, 그곳 사람을 'xenos'라 부를 수 있다.

5 자네부터 쳐서 오른쪽으로 세 번째에 : 그리스 사람들은 이런 경우 그 기준점부터 하나로 치기 때문에 우리식으로 하면 '자네로부터 오른쪽으로 두 번째'가 맞다.

6 악시오코스 : 소크라테스의 제자였고 아테네의 장군이었던 유명한 알키비아데스(Alkibiadēs)의 삼촌이다. 알키비아데스의 할아버지이자 그와 이름이 같은 알키비아데스는 클레이니아스와 악시오코스(Axiochos), 두 아들을 두었고, 이들의 자식들이 각기 알키비아데스와 클레이니아스다. 따라서 클레이니아스와 알키비아데스는 사촌 간이다. 일반적으로 플라톤의 위서로 분류되는 『악시오코스(Axiochos)』가 이 사람의 이름에서 왔다.

7 아이 : 그리스 사람들은 '아이'(meirakion)라는 말로 사춘기에 해당하는 나이의 사람을 가리킨다. 13세에서 18세 정도.

8 크리토불로스 : 이 이름은 '크리톤의 소망'이라는 뜻이어서 아들에 걸고 있는 크리톤의 기대감을 잘 드러낸다. 아울러 이 대목에서 클레이니아스와 자신의 아들을 비교해 보는 크리톤의 모습은 이 대화편에서 자식의 성장과 교육에 노심초사하는 부모의 마음을 대변하는 크리톤의 역할을 처음으로 잘 드러내 주는 모습이기도 하다. 크리토불로스

(Kritoboulos)는 플라톤의 대화편 가운데 『소크라테스의 변명(Apologia Sōkratis)』과 『파이돈(Phaidōn)』, 그리고 이 대화편에 이름만 나올 뿐이지만 크세노폰의 대화편에는 여러 번 등장한다. 크세노폰의 『향연(Symposion)』에서 크리토불로스는 자신의 아름다움에 자부심을 갖는 한편 클레이니아스를 열렬히 사랑하는 인물로 묘사되어 있다. 또한 『경영론(Oikonomikos)』에서 크리토불로스는 소크라테스의 대화 상대자로 등장한다. 그는 플라톤의 『소크라테스의 변명』과 『파이돈』에 나오듯이 소크라테스의 벌금을 대신 내주겠다고 나설 정도로 소크라테스를 따랐던 인물이고 그가 임종할 때에도 곁에 있었다고 한다.

9   나이 차이도 안 나 보이고 말이지 : 이 말은 크리톤이 클레이니아스의 정확한 나이를 모른다는 뜻으로도, 실제로는 크리토불로스가 더 나이가 많은데도 그것을 느낄 수 없을 만큼 클레이니아스가 숙성했다는 뜻으로도 해석될 수 있다. 앞의 뜻으로 해석할 경우, 크리톤이 나이를 짐작하는 근거는 앞의 말로 미루어 '많이 자란' 모습이 될 것이다. 그런데 이어지는 문장으로 보면 실제로는 나이 차가 있는데도 비슷하거나 비슷해 보인다는 뜻으로 봐야 할 듯하다. 이어지는 문장이 실제 나이 차가 있는데도 겉보기에 비슷하거나 더 숙성해 보이는 이유를 설명하는 내용으로 보이기 때문이다. 크리토불로스와 클레이니아스의 성장 정도를 묘사함으로써 나이를 설명하는 내용은 크세노폰의 『향연』 4권 24절에 나온다. 그 부분의 해석이 논란이 될 수 있지만, 크리토불로스가 클레이니아스에 대한 열렬한 사랑을 토로하는 것으로 보아 '사랑하는 자'(erastēs)의 역할을 하는 크리토불로스가 더 나이가 많은 듯하다. Waterfield(1990), 243쪽 번역과 주석 2 참고.

10   아름답고 훌륭하다 : 'kalos kai agathos'는 사람을 칭찬하는 그리스어의 일반적인 표현인 '아름답다'(kalos)와 '훌륭하다'(agathos)가 합쳐진 표현이다. 육체적으로 훌륭하다는 칭찬은 주로 '아름답다'로, 행동이 칭찬받을 만하다는 뜻은 '훌륭하다'로 표현되지만, 서로 그 뜻이 겹치기도 한다. 아무튼 일정 정도 겹치는 두 표현을 합쳐 외모나 가문과 같은 외

적인 측면과 행동과 심성 등 내적인 측면이 모두 훌륭하다는 뜻으로 사용된다. 또한 이 말은 아테네의 30인 참주정 시절에 '훌륭한 시민'이란 뜻으로 사용되어 30인 통치자에 협력하는 자에게는 이 호칭을 부여하고 그렇지 못한 자는 탄압하고 숙청하는 정치적 표어로 사용되기도 했다. 크세노폰의 『헬레니카(Hēllenika)』 2권 3장 12절 참고.

11 논의(말) : 주석 2에서 밝혔듯이 이 대화편의 핵심 주제 중 하나인 '말'(logos)과 '사물'(pragma)의 대비쌍 중 한 축을 이루는 것이 '말'이다. 따라서 이 대립을 표면적으로 드러내기 위해서는 'logos'를 문맥과 상관없이 모두 '말'로 번역하는 것이 좋지만 문맥에 어울리지 않는 번역이 되는 경우가 많아 원문에 'logos'로 된 낱말은 문맥에 맞는 번역어 뒤에 괄호로 '말'을 넣어 원문의 정신을 드러내고자 했다.

12 이 두 형제에 관해서는 알려진 바가 별로 없다. 에우튀데모스는 플라톤의 『크라튈로스(Kratylos)』 386d, 아리스토텔레스의 『소피스트적 논박(Peri Sophistikōn elenchōn)』 177b12 이하와 『수사술(Rhētorikē technē)』 1401a26 이하에 간단히 언급되고, 디오뉘소도로스는 크세노폰의 『소크라테스 회상(Apomnemoneumata)』 3장 1절에 엉터리 장군 기술의 교사로 나온다. 이것 외에는 플라톤의 이 대화편에서 나온 것이 이들에 관해 알려진 전부이다. 이 형제의 전문 분야에 대해서는 논란이 있다. 앞에서 말한 『소크라테스 회상』에 디오뉘소도로스가 장군 기술의 교사로 나온 반면, 에우튀데모스는 모든 관련 문헌에 소피스트로 나오기 때문에 이 대화편의 장면에서만 둘 다 논의에 참여했을 뿐이라는 해석이 있다[Hawtrey(1981) 해당 주석, Waterfield(1987), Lamb(1924)의 해당 부분 해석 참고]. 하지만 뒤에 이어지는 내용에는 이들이 처음에는 장군의 기술을 가르쳤으나 나중에 소피스트 기술을 배웠다는 언급이 나오기 때문에 이 형제는 둘 다 소피스트로서 동업을 하는 처지라고 보는 게 적절하다[Gifford(1905)의 해당 주석, Méridier(1931), Canto(1989), Sprague(1965)의 해당 부분 번역 참고]. 따라서 이 번역도 형제 소피스트가 그날만 그런 것이 아니라 늘 같이

논변에 참여한다는 내용으로 번역했다.

13 신종 : '새롭다'는 말인 'kainos'에서 그리스 사람들은 어설프거나 근거 없고 전통을 해친다는 느낌을 받았다. 다소 경멸 어린 표현인 셈이다.

14 소피스트 : 페르시아 전쟁 이후 급격히 민주화된 아테네에 와서 연설 기술을 가르치던 일단의 직업 교사들을 가리키는 말. 소피스트와 이들에 대한 플라톤의 생각에 대해서는 해제를 참고할 것.

15 또 : 경멸하는 어조가 느껴지는 말이다. 이렇게 말할 만큼 이미 아테네에 소피스트들이 많다는 소리다. 아테네에서 활동하던 소피스트들이 모여 있던 광경은 플라톤의 『프로타고라스(Prōtagoras)』 314 이하에서 확인할 수 있다.

16 어디서들 왔는가 : 크리톤이 이렇게 묻는 것은 당시 소피스트들은 대개 아테네 출신이 아니라 다른 나라 출신이었기 때문이다.

17 지혜 : 소피스트(sophistēs)는 '지혜(sophia)를 가진 사람'이란 뜻이다. 따라서 크리톤이 이렇게 묻는 것은 소피스트의 어원과도 어울리는 말이고, 실제 소피스트들은 자신들이 지혜를 가르친다고도 했기 때문에 이렇게 묻는 것이기도 하다. 크리톤이 이들을 소피스트로 대뜸 짐작하는 이유는 이들이 '논의에 참여한다'는 말 때문으로 보인다. 논변을 통해 자신의 지혜를 드러내는 것은 크리톤이 익숙하게 봐 왔던 소피스트의 모습일 것이기 때문이다.

18 이 근방에 있는 키오스 : 키오스(Chios)는 지금의 터키 부근 에게 해(Aegean Sea)에 있는 섬이자 나라의 이름이다. 아테네에서 160킬로미터 정도 떨어져 있어서 '이 근방'이라고 할 수는 없으나, '이 근방'은 바로 뒤에 나올 식민도시 투리오이가 이탈리아에 있었기 때문에 이에 대비해서 상대적으로 가깝다는 뜻으로 쓴 표현이다. 또한 키오스는 역사적으로 오래되어서 아테네 사람들이 가깝게 느낀 반면 투리오이는 식민도시라서 상대적으로 생소해 멀게 느낀 점도 이런 표현을 사용하게 했을 것으로 보인다.

19 투리오이로 이주했고 : 투리오이는 그리스 사람들이 이탈리아에 세운

식민 도시다. 기원전 443년경 아테네의 페리클레스 주도로 세워졌는데, 에우튀데모스와 디오뉘소도로스가 소크라테스와 비슷한 연령대라고 볼 때, 이들은 초기 이주민일 가능성이 있다. 이 투리오이는 소피스트들의 정치적 후원자였다고 하는 페리클레스가 아테네에서 집권하고 있을 때 여러 나라들과 연합해서 세운 도시로서, 유명한 소피스트인 프로타고라스가 이곳의 법을 제정했다고 한다. 따라서 에우튀데모스와 디오뉘소도로스가 프로타고라스의 영향을 받았을 가능성을 암시하는 대목이기도 하다.

20   **거기서 추방되어** : 아리스토텔레스는 『정치학(Politika)』 1307b6 이하에서 당시 투리오이에 내전이 있었다는 보고를 하고 있다. 이들이 추방된 것이 사실이라면 아마 이 내전에 휘말려 추방되었을 가능성이 있다.

21   **이 지역 근방에서** : 앞의 '이 근방에 있는'과 같은 맥락에서 사용된 표현이다. 따라서 '이 지역 근방'이란 아테네를 포함한 아티카 지역이 아니라 그리스 본토를 말하는 것으로 보인다. 이와 관련된 자세한 논의는 Canto(1989)의 해당 부분 주석 참고.

22   **그 두 분이야말로** : 이 번역은 B, W 사본의 'tō ge'를 채택한 Burnet, Budé, Gifford의 편집본을 따른 번역이다. 한편 Bekker, Stallbaum, Ficinus는 T 사본의 'hōs egōge'를 따른다. Gifford는 불가피한 경우가 아니면 B, W 사본의 독법을 폐기할 수 없다고 하여 'tō ge'를 받아들이고 있다. 이 번역은 다수설인 Burnet 등의 편집본을 따랐지만 T 사본의 'hōs egōge'로 하면 앞뒤 문장이 한결 자연스럽게 연결되는 것은 사실이다. 그 경우 번역은 "그 두 분은 그야말로 모든 것에 대해 지혜로워서 나로서는 그 이전까지는 팡크라티온 선수가 무엇인지를 몰랐다고 할 지경일세."가 된다.

23   **만능 싸움패** : 팡크라티온과 거의 같은 뜻이지만, 그리스어로 이 부분이 쌍을 나타내는 격변화 형태로 되어 있어 두 형제가 한 팀을 이루어 온갖 수단을 다 사용하여 싸운다는 뜻이 담겨 있다. 뒤에 이어지는 '만능 싸움패'에 대한 설명을 보면 이들의 싸움 영역과 방식은 몸에 국

한된 것이 아니라 말을 사용하는 영역에서도 이루어졌음을 알 수 있다. 그런 의미에서 이들의 싸움은 운동을 넘어선 모든 경쟁적 겨루기(agōn)에 다 적용되는 만능 싸움 기술이다.

24 두 아카르나니아 사람 : 아카르나니아는 그리스 본토 북서쪽 지역이다. 여러 나라가 있던 지역으로 상대적으로 낙후된 곳이었으나 기원전 7세기 이후, 전략적 위치 때문에 다른 나라들이 관심을 갖는 곳이 되었다. 형제 팡크라티온 선수들에 대해서는 달리 알려진 바가 없다.

25 형제 팡크라티온 … 차원이 다르지 : 이 부분에 대해서는 편집본들마다 조금씩 다르다. Burnet과 Lamb은 사본에 따라 'toutō gar … ou kata tō … adelphō'라고 읽는다. 반면에 Budé본은 'toutō gar … ou kath' ha tō … adelphō'라고 읽는다. 이 번역은 'kath' ha'로 하지 않으면 문장 뒷부분의 'egenesthēn'의 주어 처리가 어렵다는 Gifford의 제안을 받아들여 Budé와 같은 방식으로 읽었다[Gifford(1905) 해당 부분 주석 참고]. 아울러 Burnet처럼 'ou kata …'의 앞부분을 한 문장으로 끊어 읽으면 그 앞의 문장인 "그전에는 팡크라티온 선수가 무엇인지를 나는 몰랐던 걸세"에 대한 충분한 이유를 해당 문장이 제시하지 못한다는 점도 지적할 필요가 있다. 뒤의 문장이 앞 문장의 충분한 이유가 되려면 '소크라테스는 그전에는 아카르나니아 출신의 형제가 진정한 만능 싸움패인 줄 알았는데, 이 형제 소피스트를 보고서 진정한 만능 싸움패가 무엇인 줄 알았다.'란 내용이 되어야 하기 때문이다.

26 능할 : T, W 사본에는 이 부분 다음에 'kai machēi, hēi pantōn esti kratein'이 들어 있다. Burnet은 이 부분을 뺐는데, 앞의 '몸에 능하다'란 말에 대한 설명에 해당될 뿐 아니라 '누구든 이길 수 있는 전투'라는 구절의 의미가 분명하지 못하기 때문으로 보인다. Budé본의 경우는 'hēi'와 'esti'를 빼서 자연스러운 내용으로 만들었으나 너무 자의적인 편집이다. 그렇기 때문에 이 번역에서는 Burnet을 따라서 이 부분을 본문 번역에서 뺐다. 이 부분을 넣어서 번역하면 '이들 둘은 우선 몸과 누구든 이길 수 있는 전투에서도 아주 능하고'가 된다.

27 보수를 주기만 하면 다른 사람도 그렇게 만들 수 있기 때문일세 : 진정한 기술이나 앎은 그것을 남에게 가르칠 수 있을 때라야 완전하다는 생각을 플라톤은 가지고 있다. 이런 생각은 『라케스(*Lachēs*)』 186a6이하, 『메논(*Menēn*)』 100a1 이하에서 찾아볼 수 있다. 또한 소피스트가 보수를 받고 가르쳤다는 점도 소크라테스와 소피스트의 차이점으로 자주 언급되는 사실이다. 따라서 플라톤은 그들이 남에게 보수까지 받아 가며 가르치는 지혜가 과연 진정한 지혜인지를 문제 삼는다. 이것은 이 대화편의 한 축을 이루는 주제이기도 하다.

28 법정에 알맞은 논변(말)들을 작성하는 법을 다른 사람에게 가르치는 데 : Gifford(1905)와 LSJ는 이 구절을 '법정용 연설을 써주는 데'라고 번역했고 일부 번역자들도 이에 따르고 있으나[Gifford(1905), Lamb(1924)], 문맥상 가르치는 내용이 되어야 하므로 Sprague(1965) 등이 하고 있는 해석을 택했다.

29 싸움 방식 : 이 싸움 방식의 정체는 272a8~b1에 나오는 '상대의 주장이 참이든 거짓이든 논박해 치울 수 있는 기술'이고, 그 이름은 272b10행의 쟁론술(eristikē)이다.

30 쟁론술 : 『뤼시스(*Lysis*)』, 『에우튀데모스(*Euthydemos*)』, 『메논』 등에서 플라톤이 처음 사용하기 시작한 말이다. 소피스트들이 하는 논쟁의 성격을 들추어내는 말로서, '다툼(eris)을 위한 기술(technē)'이라는 뜻이다. 즉 말을 가지고 싸움을 벌여서 이기려는 목적으로 구사하는 기술이라는 뜻으로서, 소크라테스나 플라톤의 대화술(dialektikē)이 갖고 있는 공동 탐구의 정신과 상반된다.

31 뭐라고 소크라테스 … 전혀 지혜롭지 않았네 : 『소피스트』 251b~c에는 "배움이 더딘 노인네들은 사리분별(phronēsis)을 제대로 못해서 하나와 여럿의 역설에 찬탄하고, 이를 대단한 발견인 양 생각한다"는 내용이 있다. 마치 에우튀데모스와 디오뉘소도스를 가리키는 말처럼 보인다.

32 콘노스 : 플라톤의 『메넥세노스』 235e에도 소크라테스의 키타라 선생으로 나온다.

33 키타라 : 뤼라와 비슷하게 생긴 현악기. 뤼라는 공명상자의 아랫면이
     거북이의 등껍질로 만들어진데 비해 키타라는 나무로 만들어졌다고
     한다.

34 미끼 : 『소피스트』 223b에서 소크라테스는 소피스트를 "부잣집 젊은이
     를 사냥하는 자"라고 말한다.

35 어떤 신의 가호로 : 주석 37에 나오듯이 신령스런 존재(다이모니온)를 가
     리킨다.

36 탈의실 : Hawtrey는 Delorme(1960)을 토대로 이 탈의실의 한 면은 벽
     이 없이 개방되어서 지붕 덮힌 주랑을 바라보고 있었으리라 짐작한
     다. 따라서 자연히 이 탈의실은 이 귐나시온에서 사교의 중심지가 되
     었으리라고 추정한다[Hawtrey(1981) 해당 부분 주석 참고].

37 신령스러운 신호 : '신령스러운'으로 번역한 '다이모니온'(daimonion)은
     '신' 또는 '정령' 등으로 번역하는 '다이몬'(daimōn)의 형용사형이다. 또
     이 형태 그대로 명사화해서 '다이모니온'(신령스러운 존재)이라는 뜻으
     로도 플라톤의 대화편에 등장한다. 소크라테스는 어릴 적부터 이 신
     령스러운 존재의 신호를 받았다고 한다. 플라톤은 이 신호를 어떤 곳
     에서는 구체적으로 '일종의 소리'라고도 하고 때로는 막연히 '신호'라
     고도 한다. 플라톤의 대화편에서는 이 신호가 늘 소크라테스의 어떤
     행동을 제지하는 것으로만 나오지만 크세노폰의 『소크라테스 회상』에
     서는 어떤 일을 제지할 뿐만 아니라 권유하기도 하는 것으로 나온다.
     플라톤의 대화편에 나타나는 다이모니온에 관해서는 박종현(2003)의
     『에우티프론(Euthyphrēn)』 3b의 주석과 박종현(2005)의 496c의 주석
     을 참고. 그리스 정신사에서 다이몬이 차지하는 역할에 대해서는 *The
     Oxford Classical Dictionary*의 'daimon' 항목과 이를 요약 정리한 김
     주일(2006) 89~95쪽 참고.

38 주랑 : 'dromos'는 벽은 없고 기둥이 양 옆으로 늘어선 길. 여기에 지
     붕을 덮어 햇볕을 가릴 수 있게 하기도 했다.

39 지붕 덮힌 주랑을 거닐었네 : 이 모습은 플라톤이 『프로타고라스』 314e

이하에서 희화적으로 묘사한 프로타고라스와 그의 제자들의 모습을 떠올리게 한다.

40 그를 사랑하는 사람들 : '그를 사랑하는 사람'이라고 번역한 'erastēs'는 'paidika'라고 불리는 소년애의 대상을 쫓아다니는 장년의 남성 구애자를 주로 가리키는 말이다. 'paidika'는 'erōmenos', 즉 '사랑받는 자'라고 불리기도 했는데, 이때의 'erōmenos'는 수동형 표현이다. 이런 표현은 'erastēs'가 능동적인 반면 'paidika'는 수동적이었던 당시의 동성연애 풍조를 보여 준다. 이는 '에로스'(erōs)로 지칭되는 당시의 애정 형태가 쌍방 관계가 아니라 일방적 관계임을 나타낸다. 한 낱말로 번역할 우리말이 마땅치 않아서 풀어서 번역했다.

41 파이아니아 구(區) : '구'(dēmos)는 아테네의 행정 구역 단위로서 일종의 지방자치단체였다. 아테네 사람들끼리는 사람을 소개할 때 그가 속한 구를 밝히는 것이 일반적이었다.

42 젊은이 : 소년을 사랑했던 사람들은 보통 장년층이 많기는 하지만 반드시 그렇지는 않았던 듯하다. 앞에서 클레이니아스는 '아이'(meirakion)라고 불렸지만 275a5에서는 '젊은이'(neos)라 불린다. 그리스에서 '젊은이'는 30세까지를 지칭하는 말이라서 클레이니아스와 크테십포스 모두 젊은이로 불릴 수 있다. 다만 크테십포스가 30세는 안 되었으나 클레이니아스보다는 나이가 많을 것으로 보인다.

43 건방지다 : '건방지다'라고 번역한 'hybristēs'는 'hybris'에서 파생한 명사지만 여기서는 문맥에 맞게 형용사로 번역했다. 'hybris'는 한 낱말로 번역하기 힘든 말로, 방종·방탕·오만·무례 등의 뜻을 갖는다. 이 대화편에서는 이것이 '젊은 탓에 생기는 것'으로 설명하고 있는데, 특히 이 대화편에서 크테십포스가 하는 역할을 잘 보여 주는 말이기도 하다. 크테십포스는 이후 대화가 진행됨에 따라 그 나름대로 명성이 있고 나이도 많은 두 소피스트에게 주눅 들지 않고 맞서며 나중에는 이들을 놀리기까지 하는데, 바로 이것이 젊은 사람이 갖는 'hybris'의 측면이다.

44 중무장 전투 기술 ⋯ 필요한 모든 것 : Burnet은 사본의 'kai hosa en hoplois machesthai didakteon' 중에서 'hosa'와 'didakteon'을 빼자고 제안했다. 구문이 애매해지기 때문이다. 반면에 이후 편집자들은 모두 사본을 수정 없이 받아들였다. 하지만 구문의 애매함이 사소한데 비해 대안으로 제시된 Burnet의 독법은 내용상 맞지 않는다. Burnet의 독법대로 번역하면 '중무장하고 싸우는 법'이 되는데, 장군이 필요한 것은 직접 중무장하고 싸우는 법이 아니라 그것을 가르치는 법이기 때문이다.

45 더구나 ⋯ 줄 수도 있지 : 형제 소피스트들의 이 마지막 능력은 다소 애매하다. 일반적으로는 '법정 변론술을 가르칠 수 있다'는 내용으로 받아들일 수 있지만, 뒤의 273d1~3, e1~2를 보면 소크라테스가 여기서 언급하는 내용들은 '장군이 되려는 사람이 배워야 할 앎들'에 국한되어야 할 것도 같기 때문이다. 그러나 또 271d1~272a4를 보면 일반적으로 연설가(rhētōr)가 하는 일을 이미 이전에 이들이 하고 있었다는 말이 나온다. 따라서 이들이 그전에 아테네에 와서 가르친 기술이 장군의 기술에 국한되는 것인지, 연설 기술도 포함하는지는 따져 보아야 한다. 또한 이 형제 소피스트들이 이번에 아테네에 와서 보여 주고 있는 소피스트 기술과 연설 기술(rhētorikē)이 어떻게 다른지도 따져 보아야 이 구절에 대한 정확한 이해가 가능하다. 이를 위해서는 플라톤이 연설 기술과 소피스트 기술이 각각 어떤 것이라고 이해했는지를 살펴보아야 한다. 결론부터 말하면 플라톤은 연설 기술이 주로 법정에서 자신의 입장을 재판관들에게 설득시키는 기술이라고 이해하고, 소피스트 기술은 정치가가 되려는 귀족 자제들에게 연설 기술을 비롯한 쟁론술을 가르치는 것이라고 이해하는 듯하다. 따라서 273c5~6의 내용을 일반적인 연설 기술에 해당하는 내용으로 보아도 소피스트 기술과 연설 기술에 대한 플라톤의 이해와 상충하지는 않을 것으로 보인다. 다만 이 기술이 장군이 된 사람이 전쟁 수행과 관련하여 재판에 회부될 경우에 대비한 앎이라고 국한해서 이해할 수 있는 가능성도

아예 배제되지는 않는다. 실제로 아테네에서는 장군으로 선출되어 선쟁에 참가하고 돌아와 재판에 회부되는 경우가 많았다. 위서로 추정되는 플라톤의 『알키비아데스 II(*Alkibiadēs deuteron*)』142a에도 관련된 내용이 나온다. 소피스트 기술과 연설 기술에 대한 플라톤의 이해에 대한 자세한 설명은 이 책의 작품 해설을 참고하기 바란다.

46 어쨌거나 : 사본에는 'oun'(그리하여)으로 되어 있으나 Hawtrey의 지적 이후로 대다수의 번역자들이 'goun'(어쨌거나)으로 고친 Heindorf의 독법을 따르고 있다. 앞에서 소크라테스가 소피스트의 비웃음을 샀다고 보는 근거가 이 문장에서 제시되고 있다고 보기 때문이다. Hawtrey 이전에도 Sprague는 이런 취지로 이 부분을 번역했다 [Hawtrey(1981) 해당 부분 주석, Sprague(1962), Waterfield(1987), Canto(1989)의 해당 부분 번역 참고].

47 우리가 부업 삼아 … 아닙니다 : 앞의 272a의 내용 및 주석과 상치될 수 있는 부분이다. 272a에서 "그들은 이전에는 이런 것들에 능하기만 한 상태였다"라고 번역하여 이전과 이후에 새로운 분야가 도입된 것이 아니라 팡크라티온 기술의 완성도가 높아졌다고 했다. 그런데 여기서는 마치 새로운 분야를 이들이 개척한 것으로 이야기되고 있다. 이것은 형제 소피스트가 자신들의 지혜에 대해 갖고 있는 관점과 소크라테스의 관점이 다르다는 것을 보여 준다. 형제 소피스트는 자신들이 이전과는 전혀 다른 분야의 일을 하고 있다고 생각하지만, 소크라테스가 보기에는 그들이 그전에 하던 일을 극단적으로 완성해 낸 것에 지나지 않는 것이다.

48 일(것) : 'pragma'를 옮긴 말이다. 영어로는 'thing'으로 옮기면 이 말이 갖는 애매함을 옮기기에 적당하지만 우리말로는 옮길 만한 명사가 없다. '사물'이 가까운 뜻을 갖지만 용법이 제한되어 있다는 문제가 있다. 또한 우리말로는 '것'이 가장 적합하지만 의존 명사라서 독립적으로 쓸 수가 없었다. 따라서 주석 11에 나온 '논의(말)'의 경우와 마찬가지로 어쩔 수 없이 문맥에 맞는 번역어를 앞에 세우고 원문의 뜻을

담은 '것'을 괄호에 넣었다. 주석 2에도 간략히 밝혔듯이 대화편 전체에 깔려 있는 복선 중 하나가 논변을 말의 차원에 국한하려는 소피스트의 전략과, 말은 사실(pragma)의 차원과 연결되어야만 의미 있다고 생각하는 소크라테스의 생각 사이의 대립이다. 따라서 이 '사물(것)'은 이후의 대화에서 점차 중요한 의미로 사용되다가 대화의 끝머리인 307c에서 "다른 이런저런 사정에 개의치 말고 스스로 '사물(것)' 자체를 잘 살펴서 그것에 전념할지를 결정하라"고 소크라테스가 당부하는 장면에서 절정에 이른다. 소크라테스가 이름에 얽매이지 말고 '사물' 자체에 집중하라는 당부를 하는 또 다른 대화편 『크라튈로스』 439a~b에서는 이 '사물'(pragma)과 '있는 것 자체'가 같은 뜻으로 사용되는 구절이 나오는데, 『에우튀데모스』에서도 같은 뜻으로 사용된다고 보면 된다.

49 덕 : 이 대화편에서 가장 중요한 핵심 개념 중 하나다. 이 대화편에서는 일관되게 '덕'으로 번역했지만 'aretē'는 '덕' 말고도 '탁월함', '훌륭함' 등으로도 번역하는 말이다. 본래 이 말은 특정 분야에서 뛰어나다는 뜻을 갖고 있는 말에서 사람 일반에 적용되는 말로 뜻이 확장되었다[이에 대한 자세한 설명은 박종현(2006), 44~48쪽 참고]. 그런데 이 대화편에서 이 말을 '덕'으로 번역한 이유는, 먼저 소피스트들이 장군과 관련된 기술을 가르친다는 말을 부인하면서 이 말을 사용했기 때문이다. 따라서 이들은 자신들이 가르치는 것이 특정한 기술에서 뛰어나거나 훌륭한 것이 아니라 사람 일반의 훌륭함과 관련된 것이라는 점을 이 말로 강조하고 있다. 또한 앞으로 소크라테스는 클레이니아스를 덕으로 이끌어 달라고 이들에게 부탁하게 되는데, 거기서도 'aretē'는 특정한 탁월함이나 훌륭함이 아닌 사람 일반의 훌륭함, 즉 '덕'의 뜻이다. 어원을 살려 맥락에 따라 '(특정한 분야에서) 훌륭함'이라거나 '(사람 일반에서) 훌륭함'이라고 풀어서 번역할 수도 있겠으나 번역의 간결함을 위해서 일관되게 '덕'으로 번역했다. 이 대화편에서 소크라테스가 생각하는 '덕'과 소피스트가 생각하는 '덕'의 차이에 대해

서는 작품 해설을 참고하기 바람.

50 공언 : 소피스트들이 자신의 지혜를 공개적으로 선전하고 장담하는 장면을 묘사할 때 플라톤이 즐겨 쓰는 표현이다. 『고르기아스(*Gorgias*)』447c2, 『메논』95b10, 『프로타고라스(*Prōtagoras*)』319a7 참고.

51 그 앎 : 소크라테스는 덕을 가르칠 수 있는 능력과 그것에 대한 앎을 동일시한다.

52 이전에 … 말씀드리는 겁니다 : 소피스트의 능력을 못 알아본 데 대한 용서를 간곡하게 비는 말인 동시에, 두 소피스트의 능력이 놀랍다 못해 신적이기까지 해서 신에게 용서를 빌듯 '자비롭게 봐 달라는' 말까지 써서 용서를 빈다는 소크라테스의 능청스런 표현이다.

53 알아 두어도 좋습니다 : '사실이 그렇다는 것을 잘 알아 두시죠!'라고 직역할 수도 있는 말인 이 대목의 'eu isthi'를 『향연』208b9에서는 디오티마가 하고, 이 말을 『향연』의 소크라테스는 '진짜 소피스트'와 같은 말투라고 말한다. 플라톤의 대화편들에서 이 말을 꼭 소피스트만 사용하는 것은 아니지만, 이 말이 '공언하다'란 말과 함께 소피스트들의 권위적이고 독단적인 성향을 특징적으로 잘 드러내 주는 말이기 때문이다. 이런 표현이 소피스트들에게 사용된 경우는 『에우튀데모스』말고도 『대 히피아스(*Hippias Meizōn*)』287c에서 찾아볼 수 있다 [Dover(1968) 해당 부분 주석 참고].

54 그 두 분이 말했네 : 'ephaton'(당신 두 분이 말했다)을 'ephatēn'(그 두 분이 말했다)으로 수정한 Bekker의 제안을 받아들였다. Gifford와 Méridier도 이 제안을 받아들였다. 형제 소피스트들이 이구동성으로 같은 말을 한 경우는 294e11에도 나온다.

55 대왕 : 페르시아의 대왕을 가리킨다.

56 입증해 보이실 : '입증해 보이다'란 말로 번역한 'epideiknynai'는 '증명하다', '시범을 보이다', '공개적으로 밝히다', '자신의 기량을 선보이다'란 뜻을 갖는 말이다. 이 대화편에서는 이 모든 뜻이 같이 섞여서 '자신의 제자들을 가르치는 정식 수업에 학생들을 끌어들이기 위해서

자신의 지혜를 펼쳐 보이는 일'을 가리킨다. 따라서 'epideiknynai'의
명사형인 '에피데익시스'(epideixis)는 '자신들의 지혜를 선보임으로써
자신들이 지혜로운 사람임을 증명하는 것이고, 그 방식은 자신들의
지혜를 직접 사용하여 특정한 주제를 다루는 시범을 보여 주는 것이
며(때로는 자신들의 지혜에 대한 설명이 될 때도 있으나 그때조차도 소피스
트들의 지혜, 즉 논박술이나 연설 기술이 사용된다), 보수를 받지 않는 무
료 공개강좌'의 성격을 띠었다. 이 뜻을 다 살리기 어렵고 이 대화편
의 맥락에 맞는 번역을 하기 위해서 '입증해 보이다'나 '시범 보이다'
라고 번역은 했으나 이런 뜻이 배후에 깔려 있다는 점을 이해하고 읽
어야 이 대화편에서 이 말이 사용되는 정확한 의미를 이해할 수 있다.
『소 히피아스(*Hippias Ellatōn*)』 363a2, 『고르기아스』 447a6에서도 같
은 경우를 찾아볼 수 있으며 『프로타고라스』에서 프로타고라스가 여
러 소피스트들이 있는 자리에서 소크라테스와 히포크라테스를 상대
로 하는 문답도 이런 성격을 띤다고 볼 수 있다. 그러나 『크라튈로스』
384b~c에서 소크라테스가 하는 말에 따르면 소피스트인 프로디코스
의 '에피데익시스'(epideixis)는 50드라크메짜리와 1드라크메짜리 등으
로 나뉘어 있다고 하니 반드시 무료 시범만을 지칭한 것은 아니었던
듯하다. 따라서 Kerferd가 지적하듯이 소피스트의 '에피데익시스'는
일반적으로 "자신들의 제자들에게 하는 전문적인 강의가 아니라 대중
을 위한 공개 강연이며 여기에는 문답을 주고받는 것까지 포함되기도
한다"고 보아야 할 것이다[커퍼드(2003) 52~53쪽 참고]. 따라서 이런
성격을 감안하면 '에피데익시스'는 '공개 강연'으로, 그리고 그 동사는
'공개 강연을 하다'로 옮기는 것이 바람직하겠지만, 이 대화편의 맥락
에서는 어색하기 때문에 각각 '입증'과 '입증해 보이다', 또는 맥락에
따라 '공개적으로 시범 보이다' 등으로 번역했다. 비공개로 이루어지
는 이들의 강연의 성격에 대해서는 『프로타고라스』에서 히포크라테스
와 나누는 대화 중에 드러나며, 『테아이테토스』에서 프로타고라스가
제자들에 대해서만 비밀리에 전달하는 '진리'가 있다는 소크라테스의

말 속에서도 드러난다.

57 자신들이 사랑하는 소년 : 본래 한 단어인 'paidika'를 이렇게 번역했다. 그것은 앞의 273a에 나온 'erastēs'를 한 단어로 번역하지 못한 것과 같은 이유로(주석 40) 참고) 우리말로는 이에 대응하는 한 낱말을 찾을 수 없었기 때문이다.

58 이것을 말씀해 주시죠 : 이어지는 질문에 대한 대답을 듣고, 이들의 기술 전반이 아닌 일부만을 시범 삼아 보여 주게 하려는 의도에서 묻는 질문이다. 이 질문을 한 의도는 275a4~5에서 밝혀진다.

59 덕이라는 대상은 배울 수 있는 것이 아니라거나 : '덕이 가르쳐질 수 있는 것인가'(이 대화편의 질문 방식으로는 '덕이 배울 수 있는 것인가)란 질문은 플라톤의 초기 대화편에서 두드러지는 주제 중 하나이다. 이 대화편에는 이 질문이 전면에 나서지는 않고 282c에서 소크라테스가 자신이 한 첫 번째 권유 논변을 마치면서 이 모든 논변은 '지혜가 가르쳐질 수 있다'는 전제가 참이라는 한에서 그렇다는 말을 하고, 이에 대해 클레이니아스가 282c4~5에서 '지혜는 가르쳐질 수 있다고 생각한다'고 대답함으로써 검토되지 않고 넘어간다. 하지만 『프로타고라스』와 『메논』에서는 이 질문이 중요한 질문으로 다루어진다. 이 질문의 성격에 대해서는 「작품 안내」 참고.

60 기술 : 팡크라티온 논의를 거쳐 여기에 와서 형제 소피스트의 지혜와 기술은 동일시되었다.

61 지혜를 사랑하고 덕을 돌보라고 : 철학(지혜에 대한 사랑)과 덕이 묶여 있는 데서, 덕의 추구와 철학이 동일한 것임을 알 수 있다. 이는 철학의 말뜻이 '지혜(앎)에 대한 사랑'이고 소크라테스는 평소에 '덕은 앎이다'란 주장을 해 왔다는 사실을 연결해 보면 쉽게 알 수 있다.

62 권유하실 : '권유하다'로 번역한 'protrepein'은 '말로써 설득하여 어떤 방향으로 가도록 재촉하고 권유하다'란 뜻이다. '권유하다'란 말에는 '말로써 설득하다'란 요소가 충분히 드러나지 않고 권하는 정도도 다소 약한 표현이지만, '권면하다'나 '타이르다' 또는 '이끌다' 등의 유사

어들이 각기 다 문제가 있어서 기존에 사용하던 용어를 그대로 사용
했다. 고대 그리스 문헌에서 이런 뜻으로 이 말이 쓰인 것은 의학서를
제외하고는 플라톤의 이 대화편이 처음이다. 그 후 아리스토텔레스를
비롯한 여러 철학자며 학자들이 이런 종류의 글을 써서 기원후 3세기
경에는 신플라톤주의의 철학자 이암블리코스가 이런 글들을 모아 『철
학에의 권유(Protreptikos epi philosophian)』라는 책을 편찬할 정도로 한
장르를 이루었다. 우리에게 특히 잘 알려진 책으로는 기원후 6세기경
에 보에티우스가 감옥에서 저술한 『철학의 위안』도 이런 장르에 속하
는 글이다.

63 관심사 : 'epitēdeuma'는 누군가가 관심을 두고, 자신의 노력을 기울
이는 일로서 취미 · 취향 · 직업 등으로도 옮길 수 있는 말이다. 고대
사회의 자유인은 자신의 '사람다움(훌륭함, 덕)'을 보이기 위해서 정
치나 운동, 학문 활동 등에서 자신의 탁월함을 입증해야 했다. 바
로 이런 활동 영역을 포괄적으로 나타내는 말이 '관심사'로 번역한
'epitēdeuma'다. 생계를 해결하기 위한 경제활동을 노예가 주로 담당
하고 일상의 필요를 충족시키는 노동력으로 노예를 사용하는 것이 일
반적이던 고대사회에서는 경제활동에 능하다는 것은 노예의 덕목에
가까웠기 때문에 '직업'으로 번역할 수가 없었고, 단지 '취미'가 아니
라 자신의 삶의 의의를 드러내는 활동이라서 '취미'라고 할 수도 없어
서 다소 막연한 번역이 되었다.

64 용감하게 : '용감하게'로 옮긴 'tharraleōs'는 '용기 있게'로 옮긴 'andreiōs'
와 자주 혼동되는 말이다. 우리말로도 '용감'과 '용기'는 분명하게 구
별되지는 않으나 차이를 보인다고 생각해서 이렇게 옮겼다. 반드시
그런 것은 아니지만 플라톤은 '용기'는 '지혜'가 동반되어야 진정한 '용
기'라고 할 수 있다고 보는데, 이는 거꾸로 말하면 '용기'에는 '지혜'가
들어가 있다고 본다는 뜻으로도 해석할 수 있다. 반면에 '용감'은 일
단 '지혜'와 분리되어 있는 상태로 파악하는 것으로 보인다. 더 나아가
이 말은 때로는 『에우튀데모스』 273a에 나온 '건방지다'(hybristēs)란 뜻

을 갖기도 한다. 따라서 이 말은 적어도 이 대화편 안에서는 '용기'와 '건방' 사이를 오가는 뜻으로 사용된다고 볼 수 있다. '용기'와 '용감'과 관련된 그리스 고전 문헌 자료로는 『오뒷세이아』 21권 394, 플라톤의 『라케스』 182c, 『메논』 88b, 『프로타고라스』 349e, 360b, 『법률』 630b, 아리스토텔레스의 『니코마코스 윤리학(Ethika Nikomachos)』 1107a33 이하 참고.

65 대답하려고 하기만 한다면 : 대화가 전개되어 보면 알겠지만, 얼핏 쉬워 보이는 이 조건은 그렇게 쉬운 조건이 아니다. 이들이 자신들이 묻는 것에 대해서 물어본 대로만 대답하기를 요구하기 때문이다(287c~d, 293b, 295a, 298d, 299b 참고). 이렇게 보면 원문으로는 그렇지 않지만, '만'을 '대답'에 붙여서 이 구절을 '대답만 하려고 한다면'이라고 이해해 보면 이들의 숨겨진 의도를 재미있게 찾아볼 수 있다.

66 무지한 : 본래 이 말은 바로 앞의 '배우다'(manthanein)와 어근이 같은 'mathēs'에다 부정접두사인 'a'가 붙어서 된 말이다. 따라서 직역은 '배우지 못한'이 맞겠으나 이 말이 '배우지 못한'과 '이해력이 떨어지는'이란 두 가지 뜻을 갖고 있고, 이어지는 소피스트의 논변(sophisma)이 바로 이 말의 애매함을 이용하고 있기 때문에 가급적 두 가지 뜻을 같이 갖고 있다고 생각되는 '무지한'을 번역어로 채택했다. 이 말이 그렇듯이 '배우다'로 번역한 'manthanein'도 '배우다'란 뜻과 '이해하다'란 뜻을 같이 갖고 있고, '지혜롭다'로 번역한 'sophos'도 '이해력이 있다'는 뜻과 '알고 있다'는 뜻을 같이 갖고 있다. 애매한 번역어를 병기하지 않은 이유에 대해서는 이 책의 「소피스트 논변 해설」 2 참고.

67 이 질문의 의미에 대해서는 「소피스트의 논변 해설」 2 참고.

68 질문이 엄청났기 때문에 : 클레이니아스가 이렇게 반응하는 이유에 대해서는 몇 가지로 추측해 볼 수 있다 — ① 워낙 당연한 것에 대한 질문을 받아서 거꾸로 엄청나다고 느껴서, ②『메논』 등에서 이미 소크라테스가 제기한 '배움의 역설'(이에 관해서는 이 책의 「소피스트의 논변 해설」 2 참고)을 클레이니아스가 알고 있었거나, 소크라테스로부터가

아니더라도 당시에 이런 질문이 이미 대답하기 힘든 것으로 널리 알려져 있어서. 이 대화의 맥락을 보아서는 ②가 더 유력한 것으로 보인다. 아리스토텔레스도 '배우다'(manthanein)란 말의 애매함에 대해서 『소피스트적 논박』 165b31 이하에서 설명하고 있고, 이 논변과 똑같지는 않지만 이 대화편 282c에도 잠깐 나오듯이 '덕이 가르쳐질 수 있는가'란 주제는 당시 활발하게 논의되는 난문(aporia) 중 하나였다. 만약 플라톤이 이 논변들을 지금은 전하지 않는 에우튀데모스의 저술에서 뽑아낸 것이라면, 에우튀데모스는 '덕의 가르침 가능성' 논의에 토대를 두고 자신의 논변을 만든 듯하다. '덕의 가르침 가능성 논변'에 대해서는 『메논』 70b~71a, 커퍼드(2003) 11장 참고.

69 글 전문가 : '글 전문가'로 번역한 'grammatistēs'는 서기나 기록원의 의미가 있다. 이것은 앞의 키타라 연주자와 마찬가지로 특정한 기술을 가진 전문가라는 의미를 갖는다. 해당 분야의 전문가 선생의 역할을 한다는 것을 전제하고 있는 표현들이다.

70 **훌륭한 무용가처럼 … 비틀어서 했네** : 이것이 무용 동작을 비유한 것은 분명하지만 구체적인 형태에 대해서는 알려진 것이 없다.

71 이 책의 『소피스트의 논변 해설』 2 참고.

72 당시 레슬링은 세 판을 이기면 최종적으로 이기는 규칙을 갖고 있었다.

73 **물에 빠져 가는 것을 알아채고** : '수영' 또는 '물놀이'에 비유한 것이다. 바로 앞에서 나왔던 '공놀이', '레슬링'에 이어서 이번에는 '수영'의 비유를 들어 이곳이 체육관(김나시온)이라는 점을 톡톡히 이용하고 있다.

74 프리기아의 퀴벨레 여신의 사제들.

75 **왕좌에 앉힐 때** : 이 의식에 대해서는 이 의식이 아테네에서 중요한 종교 중 하나였던 엘레우시스 비교(秘敎)의 비밀 입회 의식이라는 주장부터 아리스토파네스가 『구름』에서 소피스트로 등장하는 소크라테스가 제자를 받아들일 때 앉힌다고 묘사한 왕좌를 암시하는 것이라는 해석에 이르기까지 다양한 해석이 있다. 하지만 대화의 맥락에 코뤼바스라는 퀴벨레 여신의 사제들이 나오기 때문에 일단 엘레우시스 비

교의 입교 절차로 보기는 어렵다. 또한 여기서 중요한 것은 의자에 앉히는 절차가 아니라 그때 하던 일, 즉 춤추고 노는 일이 중요하기 때문에 이러한 입교 절차는 코뤼바스들의 의식을 포함한 일반적인 종교 의식에 이 절차가 다 있었다는 Dover(1968)의 해석이 맞는 것으로 보인다. 다만 아리스토파네스 희극의 여러 요소를 따오고 있는 이 대화 편의 성격상 아리스토파네스가 소크라테스를 묘사한 앞선 장면과는 연결 지을 수 있을 듯하다.

76 어떤 가무와 놀이가 있기 때문이지 : 코뤼바스들은 입회식에서도 가무와 놀이를 하지만, 정신 질환자 치료를 위한 의식에도 가무를 사용했다고 한다. 이들은 관악기와 타악기를 동원하여 프뤼기아 풍의 음악을 연주하며 이에 맞춰 춤을 추었다고 한다. 이 대목 바로 앞에서 소크라테스는 "자네도 입교식을 마쳤다면"이라고 말함으로써 클레이니아스를 비롯한 명문가의 자식들이 이 종교에 입회했을 가능성을 시사하고 있으며, 플라톤은 그의 대화편 여러 곳에서 정신 건강과 관련하여 이 의식의 긍정적 측면을 밝히고 있다. 이들은 정신 질환을 앓고 있는 사람이 특정한 어떤 신성에 의해 병을 앓게 된 것으로 보고, 특정한 음악과 춤에 반응하면 그것들과 연결된 신성에 의해서 병이 든 것으로 진단하고, 그 신에게 제의를 바쳐서 병을 낫게 하는 방식을 사용했다고 한다. 관련 내용은 도즈(2002) 77~80쪽 및 해당 주석 참고.

77 키오스 출신의 소피스트. 개념(이름)들의 미묘한 차이를 세밀하게 분석한 것으로 유명하며, 그 점과 관련하여 플라톤의 대화편에도 여러 차례 이름이 나오는 인물.

78 이 앎을 가지고 헤아릴 때 : '이해하다'란 말은 '이미 이루어진 행동이나 말의 배후에 있는 의미를 파악하다'란 뜻으로 볼 수 있다. 이 정의를 앞에서 소피스트가 든 예(277a~b)에 적용하면 예컨대 '소크라테스'라는 말의 철자들(ㅅ, ㅗ, ㅋ, ㅡ, ㄹ, ㅏ, ㅌ, ㅔ, ㅅ, ㅡ)을 이미 알고, 그 앎을 가지고 '소크라테스'라는 말을 이해한다는 뜻이 될 수 있겠다. 이 것과 정확히 같은 맥락은 아니지만, 플라톤은 『테아이테토스』 205a 앞

뒤에서 부분에 대한 앎과 전체에 대한 앎을 비교한다.

79 276d.

80 장난 … 칠 수 있을 것 : '장난치다'로 번역한 'prospaizein'은 앞에서 '놀이'로 번역한 'paidia'와 같은 어근의 말이지만 문맥에 맞게 번역했다.

81 누군가가 그런 종류의 것들을 … 칠 수 있을 것이라는 말이지 : 소피스트들의 지혜에 대하여 소크라테스가 이 대화편에서 내린 최초의 개념 규정이다. 문맥에서는 소크라테스가 놀이와도 같은 이들의 이 지혜는 소피스트 기술의 첫 번째 단계라고 말하고 있고, 이후 이들이 드디어 진지한 기술의 경지를 보여 준다고도 말하지만(294a1~2, 301e1~2) 소크라테스가 여기서 내린 이 규정은 이 대화편 전체를 관통하여 흐르는 소피스트들의 기술이 갖는 정체이다. 이에 반해 소크라테스는 '사물 자체의 모습'을 밝히려 애쓰는 모습을 보인다.

82 잘 살고 : '잘 살다'로 번역한 'eu prattein'에는 '잘 살다'란 뜻 말고 '잘 하다'란 뜻도 있다. 앞으로 소크라테스는 한 단어에 있는 이 두 가지 뜻을 이용해 클레이니아스에게 덕과 지혜를 돌보라고 권유한다. 이 어지는 논변에서 소크라테스는 'eu prattein'의 애매성을 이용해서 '잘 살려면' 올바른 도덕적 행동을 해야 하고, '올바른 도덕적 행동'을 하려면 '잘 행위해야' 한다는 식으로 논의를 전개된다. 소크라테스의 이 방식은 바로 앞에서 형제 소피스트들이 'manthanein'(배우다/이해하다)의 애매성을 이용해 클레이니아스를 골탕 먹인 것과 대비를 이룬다. 소피스트들은 애매성을 이용해 상대방으로 하여금 오류 추리를 하게 만들고, 모순된 명제 양쪽을 각기 인정하게 해 상대방을 옴짝달싹 못하게 한 반면, 소크라테스는 애매성을 이용해 한 단어에 있는 다양한 의미들의 상관관계를 추리의 근거로 삼아 실제 사물의 사정을 이해하게 만든다.

83 행운 : 'eutychia'는 '행운'(좋은 운)과 '성공'(좋은 결과)이라는 두 가지 뜻을 가지고 있는 말로 'eu prattein'과 마찬가지로 소크라테스는 이 두

가지 뜻도 연결하고자 한다. 플라톤의 대화편에서 '좋은 것들'의 목록에 행운을 넣는 경우는 이 대화편 말고는 없다.

84 **돌이켜 생각해 보고는** : LSJ에는 이 대목을 짚어서 '마음을 바꾸다' (change one's mind)란 뜻이라고 하고 있으나 문맥에 맞지 않는다.

85 **아마 애라도 그건 알거야** : 소크라테스가 왜 이렇게 심한 말을 해서 클레이니아스를 놀래키는지는 좀 생각해 봐야 한다. '지혜가 행운이다'라는 말은 애라도 알 정도로 그렇게 당연한 말이 아니기 때문이다. 문맥을 보면 소크라테스는 '행운'으로 번역한 'eutychia'가 갖고 있는 또 다른 뜻인 '성공(좋은 결과)'에 클레이니아스가 주목하게 하고, 논의를 그쪽으로 이끌고 가기 위해 이러한 수사적 표현을 한 것으로 보인다. 다시 말해 애라도 아는 사실은 '좋은 결과(성공)를 얻기 위해서는 지혜(앎)가 있어야 한다'는 사실이다.

86 **아울로스** : 관악기의 일종. 피리 형태로 되어 있는데 보통 두 개를 한 벌로 해서 연주했다.

87 **가장 운이 좋다는 것** : 연주가는 앎이 있기 때문에 연주를 잘할 (eupragia) 수 있고, 잘 할 수 있기 때문에 잘 살(번영, eupragia) 수 있고, 그렇기 때문에 성공(행운)을 누릴 수 있다는 뜻이다.

88 **선장** : 본래 키잡이라는 뜻이지만, 작은 배의 경우 키잡이가 선장을 겸했다고 한다.

89 **행하고** : '행하다'라고 번역한 'prattein'은 문맥에 맞게 '행하다' 또는 '하다'로 했고, 명사형인 'praxis'는 '행동', 복합명사인 'eupragia'는 '잘함'이라고 번역했다.

90 **자리할** : '자리하다'로 번역한 'pareinai'는 플라톤의 형상 이론에서 중요한 용어로 형상 쪽에 서서 개별자와 관계하는 형태를 표현할 때 쓰는 용어다. 지금 이 대목에서는 형상 문제가 직접 거론되지 않고 암시만 되어 있지만, 300e1~301c5행 사이에서는 형상 이론을 이 용어와 관련지어 거론하는 듯한 대목이 나온다. 따라서 형상 이론이 『에우튀데모스』에서 등장할 수 있는 가능성을 열어 두기 위해서 여기서부터

형상 이론으로도 다른 방식으로도 이해할 수 있는 번역어를 찾으려 했다. 'pareinai'가 '일정한 장소나 대상에 겹치거나 곁에 있다'란 뜻이기 때문에 장소의 의미가 드러나는 '자리하다'란 번역어를 채택했다. 다만 '자리하다'가 '이미 있는 장소나 대상의 자리를 차지하다'라는 뜻이 강한 편이라서 '곁에 있다'란 뜻이 강한 문맥에서는 '~의 곁에 자리하다'로 표현을 다소 달리해서 번역하기도 했다. 『에우튀데모스』에 나오는 형상 관련 대목에 대한 설명은 작품 해설을 참고.

91 **사용하지** : '사용하다'로 번역한 'chrēsthai'는 '사용하다', '활용하다', '처리하다'란 뜻을 갖는 말이다. 우리말로는 이런 의미의 폭을 다 담을 수 있는 말이 '다루다'란 말로 보이나 이 말이 '사용하다'의 의미로 쓰이는 경우가 적은 편이라 '사용하다'로 번역을 통일하였다. 기술에 대한 플라톤의 나눔에서 사용술과 제작술이 대비되는 용어로 쓰여 온 관례도 고려했다.

92 『니코마코스 윤리학』1098b31~33에서 아리스토텔레스가 소유는 가능성(dynamis)으로, 사용은 현실태(energeia)로 규정하고 있는 것도 이 대목과 관련지어 이해할 수 있다.

93 **획득해야** : '획득하다'라고 번역한 'ktēsthai'는 '획득하다(얻다)', '점유하다', '소유하다' 등의 뜻을 가져서 전체적으로 '어떤 것을 구하여 얻고 나서 현재 그것을 소유하고 있는 상태'를 표현하는 말이다. 문맥으로는 '얻다'나 '갖다'가 자연스런 우리말이겠지만, 이 말이 갖고 있는 여러 철학적 함축 때문에 '획득하다'라고 했다. 플라톤은 『소피스트』와 『정치가』편에서 기술의 부류를 나누면서 그 중 한 부류로 '획득의 기술'을 말하기 때문이다. 이 대화편 290a8~290d8 사이에도 '획득의 기술'에 대한 내용이 나온다.

94 **절제 있을** : 플라톤의 철학에서 중요한 덕목이기 때문에 일반적인 번역을 택하긴 했지만 이 문맥에 정확히 맞는 번역어는 아니다. '절제 있다'고 번역한 'sōphrōn'은 이 문맥에서는 행동을 자제하는 품성이 아니라 행동을 많이 할 수 있게 하는 품성이 되어야 하기 때문이다.

'건전한 정신 상태', '차분한', '침착한', '정신 차리고 있는' 또는 '겁먹지 않은 상태'가 문맥에 맞는 번역일 것이다. 즉 겁먹거나 흥분해서 일을 더디하지 않고 침착하고 냉정하게 일을 해 진척시킬 수 있는 상태를 이르는 말이다.

95 제게는 그것이 가르쳐질 수 있는 것으로 보입니다 : 이 대답으로 인해 이 대화편에서는 '지혜(덕)의 가르침 가능성'에 대한 논의는 이루어지지 않지만 『메논』에서는 본격적으로 다루어진다. 소피스트와 소크라테스에게 '덕의 가르침 가능성'이 갖는 의미에 대해서는 커퍼드(2003) 11장 참고.

96 이로써 덕과 철학을 권유하는 소크라테스의 첫 번째 논변은 성공을 거두고 끝났다.

97 모든 앎을 … 그것이 무엇인지를 : 이에 대해 소크라테스는 결국 만족할 만한 답변을 듣지 못하고, 자신이 두 번째 권유 논변에서 이 주제를 떠맡게 된다.

98 젊은이 : 소크라테스는 클레이니아스를 '아이'(meirakion)라고 부르기도 하고 '젊은이'(neanikos)라고 부르기도 한다.

99 허풍쟁이 : 플라톤의 대화편 『카르미데스』 173c에서 소크라테스가 소피스트에게 썼던 표현이자 아리스토파네스의 희극 『구름』 102에서 등장인물인 페이디피데스가 극중 소피스트로 묘사되는 소크라테스와 카이레폰에게 한 말이다.

100 당신들은 … 더 이상 아니기를 바라시는군요 : 고대 그리스 철학에서 파르메니데스 이래로 아리스토텔레스에 이르기까지 지속적으로 논의된 문제가 있었으니, 그것은 'einai'(to be)의 해석 문제다. 이 동사는 모든 인도유럽어에 공통된 현상으로 구문 구조에 따라 '~이다'란 뜻과 '있다'란 뜻을 갖는다. 이와 관련해서 학자들 사이에는 그리스어 'einai'의 근본적인 의미를 '~이다'로 볼지(술어적 해석), '있다'로 볼지(존재적 해석), 또는 제3의 의미인 '~은 사실이다'(to be the case)로 볼지(진리적 해석)에 대한 논란이 끊이지 않았다. 이 번역에서는 일단 소피스트

의 궤변이 가장 그럴듯해 보이는 해석을 취하기 위해서 술어적 해석을 취했다. 하지만 세 가지 해석 중 어느 하나도 완전히 불가능한 것은 아니라는 점은 알아둘 필요가 있다. 이 대화편 안에서도 'einai'를 어느 한 가지만으로 해석하기 곤란한 구절들이 나오기 때문이다.

101 네 머리에나 떨어져라 : 구어체 욕설로 아리스토파네스의 희극에 자주 나오는 표현이다. 구어체라 압축된 표현인데, 직역하면 '네 머리로!' (soi eis kephalēn)이고, 풀어 쓰면 '네가 남에게 하거나 말한 짓이 그대로 너에게도 닥쳐라!'는 뜻의 저주의 욕설이다. 이 대화편은 이렇게 희극의 분위기를 내기 위하여 구어체 문장이나 희극에 자주 쓰이는 표현이 많이 나온다. 아리스토파네스의 『평화(Eirēnē)』 1063, 『플루토스(Ploutos)』 526, 650 참고.

102 상황 : '말을 함'과 '사실'(pragma)을 대비시키고 있다.

103 그 말에 관련되는 사물(것) : '사물'은 크테십포스가 먼저 사용한 말인데 에우튀데모스는 이 말을 받아서 새로운 궤변을 펼친다. 이렇듯 형제 소피스트는 상대가 한 말을 꼬투리 삼아서 궤변을 만드는 일을 즐기고 이후에도 이런 장면은 계속 이어진다. 'pragma'는 '것'이라는 애매한 말로 번역되듯이 한 진술의 주어의 자리에 올 수 있는 '사물'(thing)이 될 수도 있고 진술에 대응하는 '사실'(fact)이 될 수도 있다. 뒤의 주에서 밝혔듯이 여기에 말의 애매성을 이용한 궤변의 함정이 있다.

104 있는 것 : 주석 100에서 밝혔듯이 'einai' 동사의 두 가지 의미 중 '있다'로 번역한 경우다. 우리말의 자연스러움 때문에 이렇게 번역했지만 '~인 것'이라고 번역해도 뜻은 통한다. 어떤 사물이든 어떤 성질을 갖고 있는 상태(~인 상태)로 있기 때문이다.

105 있는 것들 중 다른 어떤 것 : 직접 '그는 있는 것을 말한다'고 하지 않은 이유는, 그리스어에서 '있는 것을 말하다'는 '진실을 말하다'란 뜻으로 쓰이기 때문이다. 에우튀데모스는 이렇게 우회해서 '있는 것들'을 슬그머니 끌어들임으로써 '말(문장)의 대상이 되는 것(사태)을 말하는 것은 진실을 말하는 것'임을 끌어내어 '거짓말을 할 수 없다'는 점을 입

증하려고 한다.

106 여기서 있는 것들 중 하나라고 크테십포스가 동의하는 것은 'pragma'
(사물, 것)고 'to on'(있는 것, ~인 것)이지 '사실'이 아니다. 만약 이것을
크테십포스가 '사실'로 이해했다면 그는 이 말에 동의하지 않았을 것
이다. 왜냐하면 앞에서 그는 '내가 이 사람이 죽어 없어졌으면 하고
바랄 수도 있다'란 것(pragma)은 사실이 아니라고 부인했기 때문이다.
따라서 만약 그가 'pragma'를 '사실'로 이해했으면서도 이 말에 동의
했다면 그는 자기모순을 겪은 셈이 된다. 그가 동의한 것은 사실을 구
성하는 사물, 즉 진술의 주어에 대응하는 대상이다.

107 다른 것들과는 구별되기에 하나고 말이야 : 이 말을 왜 붙였는지는 불분
명하다. 일단 이 말은 앞에 나온 "그가 말하는 바로 그것 말고 있는
것들 중 다른 어떤 것을 말하는 것은 아니겠지"란 말을 바꿔 말한 것
으로 보인다. Denniston에 따르면 이 구절의 'mēn'은 소전제를 도입
하는 기능을 한다고 한다(1998, 337쪽). 이 경우 일반적인 해석을 취
하면, 앞에서 '있는 것들 중에 바로 그것을 말했다'고 하고, 여기서
는 '그것이 있는 것들 중에 하나임'을 밝힌 후, 뒤에서 '그러므로 그
가 말하는 것은 있는 것이다'로 된다. 이렇게 하면 일단 '하나'에 대
한 해명은 되는 듯하다. 그러나 이렇게 볼 경우, 뒤이어 나오는 '다
른 것들과 구별되어'(chōris tōn allōn)의 의미는 여전히 밝혀지지 않는
다. 그런 점에서 '하나'를 '있는 것들'에 연결되는 것이 아니라 '다른 것
들과 구별되어'와 연결되는 것으로 본 Schleiermacher(1973)의 해석
은 일리가 있어 보인다. 따라서 구문상 다소 무리는 있지만 이 번역은
Schleiermacher의 번역에 따랐다. 다만 이렇게 해석해도 여전히 '다
른 것들과 구별되기에 하나다'란 말이 이 대목의 논변을 구성하는 데
어떤 역할을 하는지는 분명하지 않다. 일단 이 말이 자연철학자인 파
르메니데스의 주장을 염두에 두고 한 말이라는 추측은 해 볼 수 있다.
파르메니데스는 그의 단편 4에서 "왜냐하면 그것은 있는 것을 있는
것에 붙어 있음으로부터 떼어내지 않을 테니까."(『소크라테스 이전 철학

자들 단편 선집』 277쪽)라고 말한다. 파르메니데스는 이런 근거로 있는 것들이 서로 구별되지 않고, 있는 것 전부가 하나라는 주장을 한다. 에우튀데모스와 디오뉘소도로스가 이런 파르메니데스의 강한 주장을 염두에 두고 일종의 조건으로 이런 말을 붙였을 수는 있다. 하지만 이건 추측일 뿐이지 대화편 내에서 관련된 증거를 찾기는 어렵다.

108 그런데 있는 것과 … 말한다네 : 이 구절은 세부적으로 보면 논란이 된다. 일단 '있는 것'(to on)에서 '있는 것들'(ta onta)로 이행하는 논리적 과정이 없는데도 에우튀데모스가 '있는 것들'을 끼워 넣은 것이 문제일 수 있다. 게다가 바로 뒤에서는 이 '있는 것들'이 '참된 것'으로 연결되고 있어서 '있는 것'이 아닌 '있는 것들'이 연결고리로 활용되고 있다는 점이 의문스럽다. '있는 것'에서 '있는 것들'로 이행하는 것이 별다른 논리가 필요한 것이 아니었다면, 굳이 '있는 것들'로 고리로 삼은 까닭을 이해하기 어렵기 때문이다. 게다가 "'있는 것'과 '있는 것들'을 말하는 사람은 '참된 것'을 말한다"로 번역되면 뒤에 나오는 문장은 같은 이야기를 반복한 꼴밖에 되지 않는다. 그래서 Badham은 앞 문장의 '참된 것'을 빼자고 제안했다. 비록 Gifford가 단수에서 복수로 이행하는 것은 앞의 "그 말에 관계되는 것"이란 구절에서 포괄적으로 이해할 수 있다고 했지만 여전히 같은 이야기를 반복한다는 문제는 남는다. 그래서인지 번역자들도 'to on'과 'ta onta'의 번역어를 약간 달리하거나 'kai'를 '또는'으로 번역하기도 한다. Schleiermacher도 본문을 그대로 직역하지 않고, 'ta onta'를 빼고 번역했다. 아닌 게 아니라 크테십포스는 뒤에서 디오뉘소도로스가 '있는 것들'을 말하지 않는다고 반박한다. 이때 그는 'ta onta'는 '참된 것'과 관련된다는 것을 이해하고 있다. 또한 처음에 '것'으로 나온 'pragma'는 그것이 문장의 주어에 올 수 있는 것으로서 단수가 되는 것이 당연했다. 그런데 이것이 복수로 변하면서 의미 변화를 일으킨다는 것을 크테십포스도 알고 있다는 것이 된다. 따라서 단수에서 복수로 변하는 것은 포괄적으로 이해할 수 있는 것이 아니라 중대한 의미변화다. 다만 크테십포스가 단

수에서 복수로 변하는 지점에 이의를 제기하지 않았다는 사실이 '있는 것'에서 '있는 것들'로 이행하는 것은 당연한 논리라는 의견을 정당화해 줄 수는 있다. 하지만 단수에서 복수로, 다시 참된 것으로 이행하는 과정 중에 에우튀데모스가 크테십포스의 동의를 구하지 않고 단숨에 치달았다는 것은 시사하는 바가 있다. 중간에 차단당하지 않기 위한 작전일 수 있다.

109 여기서 논의에 깐깐한 크테십포스가 왜 긍정하는지는 따져 봐야 한다. 우선 크테십포스가 바로 이어서 말하듯이, 그는 전제에서 결론으로 가는 과정을 긍정할 뿐이지 결론 자체를 긍정하는 것이 아니라는 점을 짚어 두어야 한다. 또한 처음에 크테십포스는 '있는 것을 말하다'를 '있는 것에 대해 말하다'로 이해했다가 에우튀데모스가 '있는 것'에서 '있는 것들'로, 다시 '참된 것'으로 이행하는 과정을 보면서 '있는 것들을 말하다', 즉 '있는 사실을 말하다'란 뜻으로 바꿔 이해했다고 생각해야 이 추리 과정에 대한 크테십포스의 긍정을 이해할 수 있다.

110 주석 109와 이 주석 사이의 본문에 나오는 '있는 것' 역시 '~임'으로 번역해도 이해가 가능하다. '어떤 특정한 성질을 가진 것(~인 것)'은 분명 대상으로 존재한다. 하지만 '어떤 특정한 성질을 갖지 않은 것(~이지 않은 것)'이 대상으로 존재할 수 있는지는 의문스럽다. 예컨대 '책상인 것'은 대상으로 있겠지만 '책상이 아닌 것'은 대상으로 있는지가 의심스럽다. 이 대화편 301a도 이와 관련된 논의가 잠깐 나오지만 이 '아님' 또는 '다름'의 문제는 플라톤이 『소피스트』편에서 집중적으로 다루는 주제이다.

111 그가 한다면 만들기도 하지 않는가 : 이 문장에서 '하다'는 'prattein'의 번역이고 '만들다'는 'poiein'의 번역이다. 'poiein'에는 '하다'와 '만들다' 두 가지 뜻이 있다. 따라서 '하다'와 '만들다'를 동일시하는 이 논증이 성립하는 이유는 'poiein'을 영어의 'do'처럼 애매한 의미로 사용했기 때문이라고 Hawtrey는 이해한다(Hawtrey 앞의 책, 해당 부분 주석 참고). 다른 한편 플라톤이 이 두 가지 뜻을 구별할 줄 알면서도

'prattein'과 'poiein'의 의미가 사실적으로 연결된다고 본다는 해석도 가능하다. 『카르미데스』 162e~163d에서도 이와 같은 구별에 대하여 논의했으며, 『메논』에서도 소크라테스가 프로디코스로부터 그런 구별을 배웠다고 말하고 있기 때문이다.

112 그가 있는 것들을 … 있는 그대로는 아닙니다 : 앞에서 동의했던 '있는 것들을 말하는 것은 참된 것을 말하는 것이다'를 전제로 해서 '디오뉘소도로스가 있는 것들을 말한다'는 것을 인정하게 되자, 크테십포스가 '참된 것을 말하는 것'의 조건을 변경하고 있다.

113 나쁜 것들을 나쁘게 말할 것이네 : 대상의 질이 행위의 질로 변형되고 있다. 이는 아리스토파네스의 희극 『테스모포리아 축제에 참가한 여인들(Thesmophoriazousai)』 149~170과 플라톤의 『고르기아스』 476d2 이하에서도 찾아볼 수 있다. 관련된 설명을 아리스토텔레스의 『수사학』 1405b35 이하에서도 찾아볼 수 있다.

114 썰렁한 : 'psychros'의 번역인데, 마땅한 말이 없다. 본래 '차갑다'란 말이 '곡식이 자랄 수 없는 추운 날씨'와 연관되어 '실속이 없다'란 뜻까지 갖게 된 말이다. 덧붙여 '혹독하다'와 '냉혹하게'란 뜻까지 갖추고 있어서 문맥에만 맞게 번역한다면 "그들은 적어도 실속 없는 사람들을 냉혹하게 말하고 그들이 실없이 이야기한다고 말하지요."라고 할 수 있으나 한 단어로 가지고 하는 말장난을 살리려고 한 가지 말로 번역했다.

115 사멸 : 앞에서 말한 '죽어 없어지다'의 명사형인데 문맥에 맞게 바꿨다.

116 자네는 … 증명할 수 없을 걸세 : 이 주장은 그 자체로 보면 소피스트인 고르기아스의 주장을 떠올리게 한다. 고르기아스는 '있는 것은 없고, 있더라도 알 수 없고, 알더라도 다른 사람에게 전달할 수 없다'란 주장을 했다고 한다. 그중에서 '다른 사람에게 전달할 수 없다'란 주장이 디오뉘소도로스의 이 주장을 떠올리게 한다. 섹스투스 엠피리쿠스의 『학자들에 대한 반박(Adversus mathematicos)』 7권 83절에 실린 고르기아스의 주장에 따르면 "있는 것을 파악할(katalambanein) 수 있다

하더라도 다른 사람에게 표현할 수 없다(anexioistos). 있는 것들이 볼 수 있고 들을 수 있는 것, 즉 일반적으로 말해서 지각할 수 있는 것 (aisthētos)이라면, 그것이 외부에(ektos) 실재하기(hypokeisthai) 때문에 그것들 중 볼 수 있는 것은 시각에 의해 파악될 것이고 들을 수 있는 것은 청각에 의해 파악될 것이고 엇갈려서(enallax) 되지는 않을 텐데, 그렇다면 어떻게 이것들을 다른 사람에게 언명할 수 있겠는가? 왜냐하면 우리가 언명하는 수단으로 삼는 것은 말(logos)인데, 말은 실재하는 것(hypokeimenon)이 아니고 있는 것이 아니기 때문이다. 그러니 우리가 이웃에게 언명하는 것은 있는 것들이 아니라 실재하는 것들과는 다른 말이다. 따라서 볼 수 있는 것이 들을 수 있는 것이 되지 않고, 그 역도 마찬가지인 것처럼, 있는 것은 외부에 실재하는 것이라서 우리의 말이 되지 않는다."고 한다. 이를 보면 고르기아스는 지각의 내용은 언어로 바뀔 수 없다고 생각했다. 따라서 디오뉘소도로스의 이 주장은 고르기아스에게서 따왔다고 볼 수 있다. 다만 디오뉘소도로스의 논변에는 '증명할 수 없다'란 조건이 덧붙어 있어서 뒤에 나오는 '근거를 댈 수 있는가'란 것과 연결되는 형태로 되어 있다. 여기서도 이 형제 소피스트들은 다른 소피스트들의 주장을 가져다가 적절히 변형해서 자신들의 주장으로 삼은 것을 알 수 있다. 고르기아스가 '있는 것들의 언명 불가능성'을 주제 삼아서 펼친 논변을 이들이 여기서 '반박 불가능성' 논변을 위한 논거로 삼듯이 말이다. 디오뉘소도로스의 이 주장이 고르기아스에서 비롯된 것으로 보고, 뒤의 논변과도 직접 연결된다는 이 해석과 다른 해석에 대해서는 Hawtrey(1983) 해당 부분 주석 참고.

117 정말입니까? ⋯ 증명하고 있는걸요 : Gifford와 Hawtrey는 '당신은 참된 말을 한다(alēthē legeis)'를 평서문으로 보고, 그 뒷부분은 '내가 당신에게 입증하고 있는지 지금 들어보시죠(akouōmen ny ei soi apodeiknymi)'로 되어 있는 T 사본을 따랐다. 앞의 디오뉘소도로스의 말이 '누구도 자신의 지각 내용을 타인에게 입증할 수 없다'는 주장을

담고 있다고 보고서, 이 주장을 감지한 크테십포스가 얼른 수긍하고, 다른 각도에서 반격을 하는 것이라 이해하기 때문이다. 하지만 이 주장은 지나친 것으로 보인다. 크테십포스가 그런 정도로 소피스트의 이론에 정통했으리라 보이지 않기 때문이다. 또한 뒤의 논의와 연결시킬 수 있는 내용을 굳이 단절시킬 필요도 없어 보인다. 따라서 여기서는 Gifford와 Hawtrey, 그리고 Budé 판의 Méridier를 제외한 나머지 번역자들이 채택한 Burnet 텍스트의 수정을 따라서 'alēthē legeis'를 의문문으로 보았다. 나머지 부분도 Badham의 수정을 받아들인 OCT를 받아들여 '지금 내가 …를 들음으로써 당신에게…(akouōn men nyni soi)'로 보았다.

118 **근거(말)를 댈** : '근거를 대다'로 번역한 'hypechein logon'은 '설명하다'로 번역하는 'logon didonai'와 같은 의미 구조를 가진 말이며 뜻도 같다(Gifford, 1905 해당 부분 주석 참고). 이 말은 '근거를 들어 설명할 수 있겠는가'를 묻는 말인 동시에 앞의 논의와 연결 지으면 '감각 내용을 그대로 기술한 참된 명제를 댈 수 있겠느냐'는 말도 될 수 있는 이중적인 의미를 가진 말이다.

119 **각각이 있는 한에서** : 이 구절은 보통 번역자들이 이 구절에서 '~대로'라고 번역하는 'hōs' 때문에 해석이 어렵다. 모든 번역자가 이 대목의 'hōs'와 이어지는 모든 대목에 나오는 'hōs'를 '그것들이 있는 대로'(as they are)라고 번역한다. 하지만 이렇게 볼 경우 크테십포스는 자기가 앞에서 동의하지 않은 사항인 '누구나 있는 대로 말한다', 즉 '누구도 거짓말을 하지 않는다'에 동의하는 꼴이 되고 만다. 이런 문제를 피하려면 'hōs'를 '~인 한'으로 번역해야 한다. 이렇게 번역하지 않은 번역자들은 Hawtrey나 Sprague처럼 '누구도 있지 않은 대로는 아무것도 말하지 않는다'는 주장을 크테십포스가 받아들인 지점이 284c2라고 지목하고 있다. 하지만 그 대목은 '누구도 있지 않은 것을 말하지 않는다'란 주장에 크테십포스가 동의한 대목이다. 이 동의를 '있지 않은 대로 말하지 않는다'에 대한 동의로 해석하려면 '있지 않는 것을 말하

지 않는다'를 '있지 않은 사실을 말하지 않는다'로 해석해야 한다. 하지만 그때 크테십포스가 그런 의미로 해석되는 내용에 동의하지 않았다고 보아야 한다. 왜냐하면 그는 바로 뒤이은 284c8~9에서 '디오뉘소도로스는 있는 그대로 말하지 않는다'고 말하기 때문이다. 따라서 284c2의 대목은 '누구도 있지 않은 것에 대해서는 말하지 않는다'란 뜻으로 크테십포스가 받아들이고 동의했다고 봐야 한다. 또한 'hōs'를 '~대로'라고 하면 크테십포스가 여기서 벌써 '누구도 거짓말을 하지 않는다'는 주장을 받아들이는 셈이 되어서 이후 'logos'를 통한 반박 불가능성 논변은 불필요한 것이 된다.

120 언급 : '언급하다'로 번역한 'mimnēskesthai'는 '언급하다'란 뜻 외에 '염두에 두다'란 뜻도 있다. 그리고 번역자들에 따라 이 구절의 이 말을 두 가지 뜻 중 하나를 택해 번역을 하고 있다. 하나는 언어 행위에 중심이 있는 표현이고 다른 하나는 의식 행위에 중심이 있는 표현이라서 서로 다른 측면을 말하면서도 연결되는 측면도 있다. 여기서는 문맥상 언어 행위 측면이 계속 이야기되던 참이라 '언급하다'로 번역했다.

121 자네는 아예 말하지 않는 거 아닌가 : 다른 사물의 다른 진술을 말하는 경우에는 아예 말하는 것이 아니라는 이 말은 이상하다. 일단 뒤에 '그 사물에 대해서는'이라는 한정구가 빠져 있다고 보는 것이 자연스럽다. Sprague는 『크라튈로스』 430a의 내용을 들어 '다른 사람과 다른 말을 하는 사람은 거짓말을 하는 게 아니라 전혀 말을 하지 않는 것이다'라는 소피스트의 생각이 이 주장의 근거라고 말한다[Sprague(1993), 해당 부분 주석 참고]. 하지만 『크라튈로스』에서 크라튈로스가 하는 말은 다른 대상에 다른 이름을 사용하는 경우에는 그런 말은 전혀 의미가 없는 소리에 불과하다고 하는 경우여서 이 대목과는 맥락이 다르다. 이곳에서는 다른 대상에 대해서 말한다는 전제가 없이 단지 다른 대상의 다른 진술을 말하는 것이라고 하기 때문이다.

122 이 대목의 소피스트 논변에 관해서는 이 책의 「소피스트의 논변 해설」 7 참고.

123 프로타고라스와 그의 제자들이 그 논변(말)을 아주 많이 사용했고 : 논박이 불가능하다는 논변은 당시에 안티스테네스의 주장으로 잘 알려져 있기 때문에 플라톤이 이 논변을 프로타고라스에게 돌리는 것은 이상해 보인다. 게다가 프로타고라스는 모든 것에 대해 항상 대립되는 두 개의 주장이 있다는 주장을 한 것으로 알려졌기 때문에 더욱 그렇다. 하지만 1941년에 발견된 맹인 디뒤모스의 저술에 있는 증언에 따르면 프로타고라스의 제자인 프로디코스가 안티스테네스보다 먼저 논박이 불가능하다는 논변을 펼친 것으로 되어 있다. 또한 대립되는 두 개의 주장에 대한 프로타고라스의 생각은 '말의 차원에서는 대립되는 명제가 성립되나 사실의 차원 또는 인식의 차원에서는 그렇지 않다'란 뜻으로 새길 수 있다[관련 내용은 커퍼드(2003) 9장 참고].

124 다른 사람들을 엎어 치면서 동시에 자기 자신을 엎어 치는 사람 : 『테아이테토스』 171a와 디오게네스 라에르티오스의 『유명한 철학자들의 생애와 사상』 3권 35장에 같은 내용이 있다.

125 무엇인가를 행할 때 행하는 것에 대해 잘못하는 것이 없으니까요 : 앞에서 말함과 행위함은 동일하다고 말했기 때문에 할 수 있는 주장이다.

126 당신이 한 말은 사용하기가 그다지 어렵지 않으니 : Burnet은 'toutō tō pany chalepon chrēsthai'를 삭제할 것을 제안하지만, 이 말을 빼면 문맥이 살지 않는다. 그러나 사본대로는 역시 문맥에 맞지 않기 때문에 Badham이 제안한대로 'tō'를 'ge ou'로 바꿔 읽었다.

127 투리오이든 키오스든 … 반길 분들이여 : 283e2에서는 크테십포스가 분명히 이들 소피스트들이 투리오이 출신임을 알고 있었다. 그런데 여기서 이렇게 이들의 출신을 아무렇게나 말하는 것은 크테십포스가 아무 말이나 근거 없이 말하는 이들 소피스트의 행태에 짜증이 나서 이들이 고향을 잃고 떠돌아다니는 신세도 조롱하고 그들도 자신에 대해 아무 말이나 하는 경우를 당해 보라는 심산에서 짐짓 이런 표현을

한 것이다.

128 전에 동의했던 것들에 근거해서 뭔가를 판단해야 한다면 말이지 : 287b에서 디오뉘소도로스는 이전에 합의한 내용을 근거로 자신의 현재 논의에 반대하는 소크라테스를 공박했었다.

129 만드는 것만도 사용하는 것만도 아닌, 이 둘을 겸비한 제3의 기술. 이런 완벽한 조건 때문에 결국 이 앎을 찾는 데 실패한다[Sprague(1976) 참고]. 『정치가』 304b에서 이 앎은 정치가의 앎으로 대치되고 만드는 쪽은 포기하게 된다. 『에우튀데모스』의 이 논의에서 '왕의 기술'이 결국 사용하는 쪽에만 국한되는 것으로 드러남으로써 만듦과 사용을 겸비한 기술을 찾는 데 실패한 사실이 이후 대화편인 『정치가』의 관련 논의에 중요한 변수로 작용했으리라고 볼 수 있다.

130 그와 같은 어떤 앎을 습득한 사람(epēbolos)이어야 할 필요는 전혀 없네 : 텍스트에 대한 논란과 내용에 대한 논란이 겹쳐 있다. OCT 텍스트로는 '왜 그래야 할 필요가 전혀 없는지'가 확실하게 드러나지 않는다. 다만 여기에 '우리가 행복하기 위해서' 정도가 보충된다면 이해가 가능하다. 다만 채택한 사람은 없지만, Winckelmann과 Schanz의 'deinous ontas'로 읽는다면, 그리고 'toiautēs'를 '사용할 줄 아는 그러한'으로 이해한다면 맥락이 맞을 수는 있다.

131 사냥술 자체 : 이 번역에 관한 논의는 Hawtrey(1981) 해당 부분의 주석 참고.

132 있는 것들 : 도형들

133 기하학자들과 천문학자들과 산술 학자들(logistikoi) 역시 … 그것들을 사용하도록 줄 것입니다 : 변증술 전문가가 이 앎들을 어떻게 사용하는지를 정확히 이해하기는 어렵다. 다만 이런 관계는 『국가』 7권에 변증술에 의한 앎을 얻기 전에 배우는 교과목들에 기하학, 천문학, 산술학이 속해 있다는 것과 관련이 있어 보인다. 『크라튈로스』 300b~d에서는 입법가가 만드는 이름도 변증술 전문가에게 넘겨서 사용하게 하는 것으로 되어 있다.

134 소크라테스는 신을, 크리톤은 소크라테스를 생각하고 있다.

135 아이스퀼로스의 이암보스 시구마따나 : 아이스퀼로스는 기원전 5세기 경 활약한 비극 시인으로, 여기서 말하는 이암보스 시구는 이암보스 운율로 된 그의 비극 작품인『테베를 공격하는 7인의 장군(hepta epi Thēbas)』1~3행에 나오는 구절을 말하는 것으로 보인다.

136 나라의 선미 : 우리의 어감으로는 뱃머리일 듯하나, 배의 방향을 잡는 키는 선미에 있었기 때문에 키잡이의 위치 역시 선미였다.

137 어떤 기술 : 282d8~e4에서 소크라테스는 자신이 중단한 지점이 어떤 앎이 좋은지에 대한 논의를 시작하기 전이었다고 말했다. 그리고 소 피스트 형제에게 바로 그 지점에서 논의를 계속하는 것이 좋지 않겠 느냐는 제안을 하기도 했다.

138 이 대화편의 시작에서 크리톤은 무엇 하나 똑똑히 들은 것이 없다고 했으나, 이 부분에서는 자신이 들은 몇 가지를 소크라테스에게 확인 해 주고 있다.

139 아는 상태 : 앞에 '알고 있다'와 이 '알고 있는 상태'는 품사가 다르다. 앞의 것은 동사이고 이것은 형용사다.

140 그 무엇인가는 아는 상태죠 : '그 무엇인가는'을 덧붙임으로써 '알고 있 는 상태'(epistēmōn)에도 목적어가 필요함을 드러내고 있다. '그 무엇 인가는'은 윗줄의 '무언가를'이다.

141 마찬가집니다 : '그 무엇인가는'을 붙이나 안 붙이나 마찬가지라는 말이 다. 이렇게 말하는 이유는 바로 뒤에 '어차피 안다면 모든 것을 알 수 밖에 없다'란 문장 때문이다.

142 당신은 '하는 말마다 아름다운 말만' 하시는군요 : Burnet은 'kala dē patageis'로 봤으나 Gifford와 Hawtrey의 독법을 따라서 'kala de panta legeis'로 했다.

143 에우튀데모스나 디오뉘소도로스나 모두 노인들이어서 완전한 치아수 를 갖고 있지 않으리라는 전제하에서 하는 질문이다.

144 단검들 사이로 뛰어들어 재주넘고 바퀴 위에서 빙글빙글 돌 만큼 : 크세노

폰의 『향연』에는 당시 여흥을 위한 춤이 소개되어 있다. 단검들을 꽂아 만든 원 속으로 뛰어들거나 손을 짚어 단검 위를 공중제비를 돌아넘거나 바퀴 위에서 회전하는 동작들이 있었다고 한다(『향연』 2장 11절, 7장 2절 참고).

145 아리스토텔레스 『소피스트적 논박』 175b10행 이하에서 아리스토텔레스는 질문자들이 질문을 제대로 못 했을 때 수정을 위해 덧붙이는 말을 해야 한다는 지적을 하고 있다. 이 대화편에서 소크라테스가 질문에 덧붙여서 대답하는 장면은 293c3행에 처음 나왔다.

146 하나하나를 다(panta) 알지 못한다면 모든 것 전부를 알 수 있을까요 : '하나하나를 다'는 'pas'고 '모든 것 전부'는 'hapas'다. 영어로 하면 앞의 것은 'every'가 될 것이고 뒤의 것은 'all'이 될 것이다. 전체를 이루는 부분들 전부와 전체 자체를 구별하는 표현이다.

147 바로 앞에 있는 문장을 가리키는 것이 아니라 296a~b를 가리키고 있는 것으로 본다. 즉 소결론을 지칭한다.

148 지극히 존경받는 : 이것(polytimēte)은 주로 신에게 쓰는 형용사다.

149 최근에 상륙해서 바다에서 … 소피스트인 게와 싸워낼 수 없었습니다 : 이 설명은 아폴로도로스의 『원전으로 읽는 그리스 신화(Bibliothēkē)』 2권 5장 2절에 실린 내용과는 다르다. 거기서는 이 게가 레르네의 늪에서 살던 것으로 되어 있는데, 플라톤은 이것을 바다에서 온 것으로 바꿨다(아폴로도로스가 기원전 2세기경의 학자이기 때문에 플라톤이 다른 출처를 알고 있을 가능성이 있다). 이것은 두 소피스트들이 키오스라는 섬 출신이라는 점에 착안해서 이들에 맞서 싸우는 자신의 처지를 빗대기 위해서 전해 내려온 신화를 다소 수정한 것으로 보인다.

150 나의 이올라오스가 온다면 반대되는 일을 더 많이 할 것입니다 : '나의 이올라오스'는 진짜 소크라테스의 조카가 아니라 크테십포스로 보는 것이 맞을 것이다. 또한 크테십포스가 소크라테스를 도우러 나서면 도움이 되기보다는 그 반대되는 경우가 될 것이라는 소크라테스의 말은 의미심장하다. 소크라테스는 지금껏 소피스트와는 다른 방식으

로 권유하는 논변을 수행해 왔다. 반면에 크테십포스는 소피스트들과 다투면서도 소피스트의 방법을 모방했다. 바로 이런 크테십포스의 행태 때문에 소크라테스가 이런 암시의 말을 한 것으로 보인다 [Jackson(1990) 386쪽 참고].

151 **아마포를 아마포에 잇지 않는 것 같군요** : 같은 종류를 같은 종류에 대지 않는다는 속담이니, 논의의 차원이 다른 것을 같은 것으로 묶는다는 뜻이다. 이것은 '아버지'는 관계어인 반면, 황금은 관계어가 아닌데 이를 뒤섞고 있다는 뜻으로 풀이할 수 있다.

152 **피라미** : 원문의 'kōbios'는 낚시 미끼로 쓰는 작은 붕어라서 문맥에 맞게 의역했다.

153 **독풀** : 원문에는 '엘레보로스'로 되어 있는데, 의역했다. 크리스마스로 즈라고도 하는 미나리아재빗과 식물로 그 뿌리를 살충제로 사용한다.

154 **귀신같이 보지요** : '귀신같다'고 번역한 'hyperphyōs'는 문맥을 보는 입장에 따라 달리 해석될 수 있다. 일반적인 뜻은 '예사 수준을 넘는다'는 뜻인데, 앞 문장을 '이것을 보는 것이 가능하다'란 뜻으로 크테십포스가 이해했다고 보는 Sprague는 크테십포스가 소피스트의 옷차림이 '예사롭지 않은'(hyperphyōs) 점을 놀리느라 한 표현으로 이해한다. Waterfield 역시 비슷한 입장을 보이지만, 그 밖의 해석자들은 대체로 이 말을 옷들이 보는 능력이 예사롭지 않음을 나타내는 말로 받아들였다. 이미 소피스트들의 궤변의 정체를 간파한 크테십포스가 이들의 속셈을 간파하고 선수를 치고 있다고 보기 때문이다. 이 번역본 역시 이 해석을 따랐다. 이런 해석에 따르면 '옷들은 보는 능력이 범상치 않아서 아무것도 아닌 것까지 본다'는 뜻이 된다.

155 **하지만 아마 … 생각하실 겁니다** : 앞의 해석과 일관해서 읽으면 크테십포스가 이런 말을 하는 이유는 소피스트들 자신은 옷들에 시각 능력이 없다고 생각하면서도 크테십포스를 곤경에 빠뜨리기 위해서, '옷들이 본다'는 식으로 해석할 수도 있는 문장을 크테십포스에게 동의하게 만들고는 크테십포스가 비상식적인 말을 한 것으로 몰아세우려

는 속셈을 갖고 있었다'란 점을 폭로하는 한편 오히려 이들의 얄은 수를 비웃고 자신의 말재간을 뽐내려 하기 위해서다.

156 자지 않으면서 잠든 것으로 보이고 : 이 말재간이 무슨 뜻인지 정확히 밝히기는 어렵다. 앞의 '자지 않다'는 'ou katheudōn'인데 'katheudein'이란 동사는 '잠들다'란 일반적인 뜻 이전에 '잠자리에 들다', '누워 자다'란 뜻이 있다. 뒤의 '잠들었다'는 'epikoimasthai'의 과거완료형 부정사인데, 역시 '잠들다'란 일반적인 뜻 이전에 '어떤 일을 마치고 잠들다'란 뜻이 있다. 따라서 이 말장난은 비슷한 두 동사 중 한 동사는 특수한 의미로 사용하고 다른 하나는 일반적인 뜻으로 사용해서 역설을 만들어 낸 것은 분명하지만, 어느 쪽을 특수한 뜻으로 사용한 것인지를 확정하기 어렵다. 번역자에 따라서 '서서 자다'나 '눈을 뜬 채 잠자리에 누워 있다', '눈을 뜨고 자다', '잠들지 않고 졸다' 등으로 풀어서 번역했으나 이 번역에서는 일단 역설의 분위기를 살리고 해석을 열어 두기 위해 풀어 번역하지 않고 시제만을 살렸다.

157 아무것도 아닌 말을 할 수 있다면 : 앞 문장과는 달리 이 뒷 문장이 조건문으로 시작하게 된 이유는 284b~c에서 크테십포스가 '있지 않은 것들'(ta mē onta)을 아무도 말하지 않는다는 데 동의했기 때문이다. 그래서 이 문장은 일차적으로는 '아무 말도 하지 않을 수 있다면'이 되어야 하지만 크테십포스가 뒤에서 하는 논변과 연결되는 과정을 보이기 위해서 다소 의역했다. '아무것도 아닌 말을 하다'를 글자 그대로 번역하면 '아무것도 아닌 것을 말하다'인데, '아무것도 아닌 것'(mēden)이 바로 '있지 않은 것들'에 속하기 때문에 크테십포스가 바로 '당신들은 아무것도 아닌 말을 하는 것으로 보인다'고 말하지 않고, 조건문으로 표현한 것이다. 또한 '아무것도 아닌 것을 말하다'는 말은 그리스어에서는 일종의 숙어로 '쓸데없는 소리를 한다', '허튼 소리를 하다'는 뜻으로 쓰이기도 해서 크테십포스는 이 말을 형제 소피스트를 조롱하기 위한 이중적인 의미로도 사용하고 있다. 번역에서는 이 이중적인 의미에 걸치기 위해서 다소 의역을 했다. 또한 이렇게 한 데에는 뒤에

이어지는 귀결문의 '만들다'가 우리말로 자연스럽게 살도록 하기 위한 뜻도 있다. 아울러『소피스트적 논박』166a25를 보면 '가능하다'란 말이 들어간 문장과 그렇지 않은 문장을 섞어서 결합의 오류를 만드는 경우를 확인할 수 있다. 이 논변에는 그런 궤변도 들어간 것으로 볼 수 있다.

158 그 말을 만들고 : 별 말 아닌 듯 보이지만 크테십포스가 이렇게 말하는 데는 284b~c에서 자신이 겪은 낭패를 분풀이하려는 속셈이 있어 보인다. 거기서 크테십포스는 '만들다'(poiein)란 말이 '하다'(prattein)를 포괄하는 뜻으로도 사용되는 탓에 '말하다'(legein)도 일종의 '함' (praxis)이라서 '만듦'(poiēsis)이 '있지 않은 것들'을 대상으로 삼지 않듯이 '함'의 일종인 '말함'도 '있지 않은 것'을 대상으로 삼지 않는다는 데 동의했고, 이에 따라 자신이 사랑하는 클레이니아스가 죽기를 크테십포스 본인이 원한다고 말하는 디오뉘소도로스가 '있지 않은 것들'을 말하는 게 아니라 '있는 것들'을 말한다는 데 동의하고 말았다. 아마 크테십포스는 그것을 잊지 않고 있다가 이 자리에서 본래 동의했던 내용은 철회하지 않으면서 조건문의 형식을 빌려 형제 소피스트를 조롱하고 있는 것으로 보인다. 그런 맥락을 살리려면 '만들다'란 번역어를 유지해야겠기에 그리스어에서는 자연스럽게 '그 말을 하다'로 번역할 수 있는 문장을 직역해서 '그 말을 만들다'라고 번역했다.

159 침묵하는 것들은 정말 말할 수 없는가 : 그리스어에서는 앞에서 크테십포스가 '말하면서'(legonta)와 '침묵하면서'(sigōnta)가 문법적으로 같은 형태다. 그리스 문법 용어로 둘 다 '현재 분사 대격'(accusative) 형태다. 영어와 비슷하게 그리스 분사도 부대 상황을 나타내기도 하고 명사적 용법으로 사용되기도 한다. 그래서 앞에서 크테십포스가 사용한 분사는 부대 상황을 나타냈고 뒤에서 디오뉘소도로스가 사용할 때는 명사적 용법으로 사용되었다. 하지만 둘 다 문법적으로는 형태가 같기 때문에 이를 꼬투리로 디오뉘소도로스가 궤변을 펼치는 중이다.

160 손님이 대장간이 즐비한 곳을 지나갈 때 집집마다 손님을 끄느라 자

신들의 상품인 쇠로 만든 각종 연장들을 두들겨 보이는 장면을 상상해 보면 되겠다.

161 **아무것도 아닌 말을 하셨군요** : 지금 크테십포스는 300a8~9에서 에우튀데모스가 "말하는 중이면서 아무 것도 아닌 말을 할 수 있다면"이라고 한 말과 연결지어 디오뉘소도로스를 놀리고 있다. '침묵 중인 것은 말할 수 없다'는 데 동의한 크테십포스를 디오뉘소도로스는 돌, 나무, 쇠붙이 등 '침묵하는 것(말 못 하는 것)'에 대하여 말하는 사례를 들어 논박하려 했지만, 크테시포스는 대장간의 쇠붙이들이 소리를 내는 사례를 들어 디오뉘소도로스의 논박을 물리쳤고, 그래서 디오뉘소도로스는 '허튼 소리(틀린 소리)'를 한 격이 된 것이다.

162 300a10행부터 여기까지 크테십포스와 디오뉘소도로스가 주고받은 논의를 잠깐 정리하면, 300a9행에서 "말하면서 아무것도 아닌 말을 할 수 있다면"이란 말을 크테십포스가 한 것을 꼬투리 잡아, 디오뉘소도로스는 두 가지 불가능한 경우에 대한 합의를 크테십포스로부터 받아낸다. 하나는 크테십포스가 한 말과 정반대의 형태인 '침묵하는 것은 말할 수 없다'는 것이고, 다른 하나는 바로 크테십포스가 한 말과 같은 형태인 '말하는 것은 침묵할 수 없다'란 것이다. 이 둘 중 먼저 것에 대해서는 크테십포스가 대장간의 쇠붙이들의 예를 들어 반박했다. 이제는 '말하는 것은 침묵할 수 없다'에 대한 논증을 펼쳐 보라는 호기어린 크테십포스의 주문이 이어지고 있다.

163 **지나치게 전투적** : '지나치게 이기려고만 든다'는 뜻으로 번역한 이 말은 소피스트의 논쟁 기술이 '쟁론술'(eristikē), 즉 '말싸움(eris)에서 이기는 기술'이라는 점을 생각해 보면 크테십포스가 소피스트들과 논쟁 중에 습득하고 있는 이 '쟁론술'이 그의 건방진(hybris) 성격과 사랑하는 사람을 앞에 둔 상황 등과 서로 얽혀서 상승효과를 일으키고 있음을 알 수 있다.

164 **그 모든 것에 말하는 것들이 속한다면, 말하는 것들에 대해서도 자네는 침묵하지 않는가** : 디오뉘소도로스에게 한 '말하는 것은 침묵할 수 있다'

를 증명하라는 크테십포스의 요구에 에우튀데모스가 나서서 '말하는 것들에 대해서 침묵하다'란 뜻으로 받아서 증명하는 장면이다.

165 **모든 것은 침묵하지 않나요** : 크테십포스가 이 말로 시작해서 어떤 반격을 하려는지가 분명히 드러나 있지는 않다. 이 질문에 에우튀데모스가 긍정이 아닌 부정의 대답을 했기 때문이다. 아마 에우튀데모스는 자신이 긍정의 대답을 하면 크테십포스가 어떤 논증을 구사할지 미리 알고 있었기 때문에 이를 막기 위해서 부정의 대답을 한 것으로 보인다. 이에 대해 Sprague는 크테십포스가 300a10행 이하에서 디오뉘소도로스가 만든 구문인 '침묵하는 것은 말할 수 있는가'란 문장을 '모든 것은 침묵하지 않나요?'란 문장을 토대로 구성하여 애매어의 오류를 사용하려던 것으로 본다(1965, 54쪽 주 94 참고). 일리 있는 해석으로 보인다.

166 **하지만 나는 … 묻는 겁니다** : 이런 식의 추궁은 296a1~2에서 소크라테스가 에우튀데모스에게 당했던 것이다.

167 200c4행부터 여기까지의 논의를 정리해 보자. 크테십포스가 '모든 것은 침묵하는지'란 질문을 통해 긍정의 답을 유도하여 '그렇다면 침묵하는 모든 것은 말할 수 없는지'를 묻고 이를 '침묵하는(말 못 하는) 모든 것에 대해서 말하다'란 뜻으로 받아서 반박하려고 하자 에우튀데모스는 이를 알아차리고 부정의 대답을 한다. 크테십포스는 자신의 속셈이 간파되었음에도 불구하고 그럴 줄 알았다는 듯이 '지극히 훌륭하신 분'이라고 추켜세우는 척하면서 '그렇지 않다면 정반대의 주장이 참인지'를 묻는다. 이에 따라 에우튀데모스는 지금껏 자신들이 고집했듯이 모순되는 두 문장 중 하나를 부정하면 다른 하나를 긍정해야 하거나 아니면 소크라테스처럼 제한조건을 붙여야 했다. 에우튀데모스는 296a1~2에서 제한조건을 붙이는 소크라테스를 자신이 못하게 막았으면서도 여기서는 스스로 제한조건을 붙이고 만다. 크테십포스에 의해 긍정의 대답을 하거나 제한조건을 붙일 수밖에 없는 상황으로 몰렸기 때문이다.

168 이것도 되고 저것도 되게 만들어 놓았고 : 모순이 되는 두 사실을 동시에 긍정함으로써 모순율을 범했다. 크테십포스의 이 말을 통해 형제 소피스트들이 유일하게 지키고 있는 논쟁 규칙이 언어의 차원에서 성립하는 형식적인 모순율임을 알 수 있다. 모순율을 어기는 순간 논증은 망하고 상대방에게 진다고 생각하는 것이다.

169 300e3의 '아름다운 사물'(to kalon pragma)은 구체적인 아름다운 대상을 가리키나 '아름다운 것'(to kalon)은 구체적인 아름다운 사물을 가리키기도 하고 추상적인 아름다움을 가리키기도 하는 말이다. 사실 디오뉘소도로스는 이를 이용해 소크라테스가 아름다운 사물들과 아름다운 것이 같다고 하면, '아름다운 것'을 '아름다움 자체'로 해석해서 '아름다운 사물과 아름다움 자체가 같으니 아름다운 사물은 여럿이 아니라 하나'라는 궤변을 늘어놓고, 아름다운 사물과 아름다운 것이 다르다고 하면 '아름다운 것'을 '아름답다'란 뜻으로 받아들여 '아름다운 것은 아름답지 않다'고 말하게 되는 모순에 빠뜨릴 셈이었던 것으로 보인다(Hawtrey, 1981, 173~175쪽 참고).

170 여기서 에우튀데모스가 하는 질문을 바로 앞의 질문인 '아름다운 사물을 본 적이 있는가'란 질문과 연결해서 이해하면 이 질문을 한결 깊이 있게 이해할 수도 있다. 아름다운 사물을 볼 수 있으려면, 즉 아름다운 사물이 있으려면 아름다운 사물과 '아름다운 것' 또는 '아름다움'이 어떤 식으로든 관계를 맺어야 한다는 것을 전제로 한 질문으로 이해할 수 있기 때문이다. 이 전제를 놓고 에우튀데모스는 그 관계 방식 자체보다는 관계의 결과를 문제시하고 단순화하여 양자가 관계를 맺을 경우, 양자가 '같아지는지 여전히 다른지'를 묻는다.

171 소크라테스가 겪는 이 어려운 문제가 무엇인지를 밝혀 둘 필요가 있다. 일단 소크라테스의 말로 보면 소크라테스는 개별자인 아름다운 사물과 보편자인 아름다움 자체의 관계를 설명하는 데 어려움을 겪는 것으로 보인다. 이것은 바로 디오뉘소도로스가 궤변의 형태로 제기한 것이기도 하다. 다만 문제는 소크라테스가 디오뉘소도로스가 던진

질문이 궤변의 형태임을 알아채고, 그 궤변에서 빠져나가기가 어렵기 때문에 어려운 문제라고 하는 것인지, 궤변과 무관하게 이 자체가 어려운 문제라고 생각하는지를 정하기 어렵다는 데 있다. 일단 소크라테스가 확보한 방안은 아름다움 자체와 아름다운 사물은 같지 않다는 것이다. 하지만 소크라테스는 같지는 않더라도 모종의 관계는 맺어야 한다고 생각한다. 그 관계의 방식이 '자리함'(parousia)이다. 즉 추상적인 아름다움이 구체적인 사물에 자리함으로써 아름답게 된다고 보는 것이다.

172 앞에서 소크라테스가 한 대답은 보편적인 아름다움 자체와 개별적인 아름다운 것들을 대비시켰는데도 불구하고, 소피스트는 그 점을 무시하고 개별자와 개별자 사이의 관계로 '자리함'(pareinai)의 문제를 보고 있다. 여기에도 'pareinai'가 갖는 애매함, 즉 '어떤 대상에 자리를 잡아서 같은 자리를 차지한다'란 뜻과 '어떤 것의 곁에 있다'란 뜻을 다 가지고 있는 'pareinai'의 의미를 구별하지 않고 무차별적으로 애매어를 이용하는 공격이 들어 있다.

173 벌 받을 소릴랑은 마세요 : 지금껏 두 형제 소피스트를 신처럼 떠받들어 왔기 때문에 자기와 신들이 같아진다고 하는 것은 신성모독이라는 소크라테스의 능청스런 대꾸다.

174 하지만 다른 것이 다른 것에 자리하면 무슨 수로 다른 것이 다를 수 있겠습니까 : 이 질문은 앞에서 한 질문에 대해 소크라테스가 부정적으로 답변을 했기 때문에 그에 대한 재반박으로 하는 질문이다. 즉 '서로 다른 것인 소와 소크라테스, 또는 소크라테스와 디오뉘소도로스라고 할지라도 디오뉘소도로스가 소크라테스와 같은 자리를 차지하게 되면 소크라테스와 디오뉘소도로스가 여전히 다른 사람일 수 있겠느냐'는 반박이다. 디오뉘소도로스가 형상과 같은 보편자의 존재를 인정하지 않는 소피스트의 입장을 강하게 갖고 있기 때문에 '자리함'(pareinai)의 문제를 개별자들 사이의 관계 방식으로 설정해서 그렇지, 만약 이 질문이 형상과 개별자가 맺는 관계 방식을 비판하기 위한 것이라고 한

다면 형상과 개별자의 관계 방식을 설명하려고 하는 플라톤의 생각에 대한 강력한 비판이 될 수 있었을 것이다. 용어는 다르긴 하지만 실제로 플라톤은 『파르메니데스』 130 이하에서 파르메니데스로 하여금 형상과 개별자가 관계 맺는 방식인 '분유'(metexis)의 난점을 들추어내게 한다.

175 **다른 것이 다를 수 있겠습니까** : 이 부분에 대한 해석은 해석자마다 다소 다르다. 대표적인 것으로는 Waterfield나 Hawtrey, Gifford가 하고 있는 '다른 것이 다름의 성질을 가질 수 있겠는가'라는 해석을 들 수 있다. 그러나 이 해석은 이미 '다른 것'이란 용어를 사용하면서 그것이 '다름의 성질'을 가질 수 있는지를 묻고 있기 때문에 논리적 순서에 맞지 않는 어법을 사용한다. 이에 따라 에우튀데모스의 질문 자체를 어설픈 것으로 만든다. 반면에 Sprague가 이해하는 방식은 '다른 것이 여전히 다르다는 성질을 유지할 수 있겠는가'란 해석으로 앞의 질문인 '소가 당신 곁에 자리하면 …'에 이어지는 질문으로 이해하는 것이다. 이 방식이 대화의 맥락을 일관성 있게 유지해 주면서도 에우튀데모스의 질문을 가볍게 다루지 않는다는 점에서 적절한 해석으로 봤다. 곁들이자면, 앞의 해석 방식은 '자리함'(pareinai)의 방식을 의문시하는 것으로 에우튀데모스의 질문을 받아들인 것이고 뒤의 해석은 '자리함'(pareinai)의 방식이 워낙 강력하고 당연하기 때문에 '다름의 성질이 유지될 수 없다'란 뜻에서 에우튀데모스가 하는 반박으로 이해하는 것이다.

176 플라톤은 『파르메니데스』 1부에서 개별자가 속성을 갖게 되는 것은 형상 이론을 전제하면 쉽게 풀린다고 말한다. 다만 거기서는 형상과 개별자가 관계 맺는 방식은 '분유'(metexis)였다.

177 **그렇지 않은 것** : 이 말은 그리스어로는 앞에 나온 '다른 것'(heteron)과 같은 뜻이 된다. 본래 이 말은 '~이지 않은 것임'(ho me esti)이라서 '~과 다른 것'이 되기 때문이다. 문맥에 맞게 다소 의역했다.

178 이 말로 미루어 에우튀데모스는 '그렇지 않은 것'(ho me esti) 또는 '~

이지 않은 것'(to mē on)을 '다른 것'(thateron)으로 이해하고 있다. 이 것이 플라톤의 『소피스트』에서 본격적으로 논의되는 문제('to mē on' 은 'thateron'이다)라고 생각한다면 소피스트인 에우튀데모스의 입에서 이런 소리를 듣는 것은 다소 의아하다. 이와 관련해서는 이 책의 작품 해설을 참고할 것.

179 **아름다운 것은 아름답고 부끄러운 것은 부끄럽지 않나요** : 소크라테스의 이 반박에 대해서는 해석이 구구하다. 대부분의 해석자들은 이 문장 에서 '아름다운 것'과 '부끄러운 것'을 형상과 같은 보편자로 이해하 고, 뒤의 술어는 '자기 술어'의 문제를 밝힌 것으로 파악한다. 하지만 그럴 경우 소크라테스가 말꼬리로 잡은 에우튀데모스의 '다른 것이 다를 수 있는가'에서 '다른 것'이 보편자가 아닌 개별자라는 사실과 맞 아떨어지지 않는다. 즉 소크라테스가 스스로 애매어를 사용해 상대 질문을 왜곡한 것으로 보게 된다. 따라서 그 해석보다는 '아름다운 것' 과 '부끄러운 것'은 개별자이고 이 개별자들의 성질이 자기 술어의 성 격을 갖는다고 보는 것이 적절하겠다.

180 **나에게 그렇게 보인다면** : 296d4의 '내가 원한다면'과 같은 맥락이지만, 여기서는 프로타고라스의 인간 척도설과 직접 연결될 수도 있다.

181 **다른 것은 다르지 않나요** : 바로 앞에서 말한 "아름다운 것은 아름다고 …"를 통해서 유비추리를 거쳐 이 결론에 이르렀다. 소크라테스의 이 답변은 사실은 에우튀데모스의 질문에 대한 정직한 답변이라고 보기 는 어렵고 에우튀데모스가 소크라테스를 반박하기 위해 '서로 다른 것들이라고 할지라도 그것들이 자리함(pareinai)의 방식으로 관계를 맺으면 그것들이 서로 다르다는 성질을 유지할 수 있겠는가'란 질문 을 하는 과정에서 '다른 것이 다를 수 있는가'란 질문을 '다른 것은 다 를 수 없다'는 진술로 해석하여 말꼬리를 잡아 반박한 형태로 보인다. 소피스트가 지금까지 궤변을 펼치면서 유지해 온 '동일률'을 스스로 어긴 것으로 봐서 에우튀데모스를 반박한 것이다. 이에 뒤따르는 '아 이들도 그런 문제를 어렵다고 생각하지 않는다'란 말도 바로 이렇게

뻔한 기초적인 논리법칙마저 모른다는 뜻으로 하는 인신공격성의 면박으로 보인다.

182 **대장일을 하기에 누가 적합한지** : 이 말과 이어지는 두 물음 모두 300a에서 나왔던 '부정사의 주어와 목적어를 모두 대격(accusative)으로 나타내는 데 따른 애매함을 이용한 궤변'을 다시 이용한 물음들이다. 우리말로는 다소 한쪽으로 강하게 읽히기는 하지만 그리스어 원문은 '어떤 사람을 재료로 대장일을 하는 것이 적합한지'라는 뜻으로도 읽힐 수도 있는 문장이다. 뒤의 두 물음 역시 같은 구조다.

183 그리스의 요리사는 짐승을 잡는 일까지 했다.

184 **종지부** : 직역하면 "당신은 바야흐로 당신의 지혜에 콜로폰을 놓는다"가 되는 문장에서 '콜로폰'(kolophōn)은 '끝마무리'라는 뜻의 숙어로 쓰인다. 이는 스트라본의 전언에 따르면 콜로폰이란 나라의 사람들이 말타기에 능해 그들이 말타기 경기에 출전하면 경기가 끝난다는 생각에서 비롯되었다고 한다. 플라톤의 『테아이테토스』 153c 참고.

185 핀다로스나 헤시오도스의 시에서 제우스로부터 시작해서 제우스로 끝나는 시구들이 있는 데 착안한 말이다.

186 **아름답고 훌륭한 다른 어떤 것도 전혀 없는** : 주석 10에서 밝혔듯이 '아름답고 훌륭하다'는 사람의 내면과 외모를 아울러 칭찬하는 말이면서 '훌륭한 시민'이라는 뜻을 갖는 말이다. 여기서는 직접적으로는 소크라테스 본인이 아니라 소크라테스가 가질 수 있는 것들을 가리키는 대상을 수식하는 말로 나왔기는 하지만 속뜻을 따져 보면 '아름답고 훌륭한 사람이라고 할 만한 것들을 못 가진'이란 뜻이어서 '시민이라고 할 만한 아무런 자격을 못 갖추고 있다'란 뜻으로 풀이할 수도 있다.

187 '조상신'(ho patrōios)을 말한다. 그리스 사람들은 하나의 신에도 그 성격과 유래 등에 따라 여러 별칭을 붙였다.

188 **이 나라에서 … 없습니다** : 그리스 사람들은 방언과 주요 거주 지역에 따라 이오니아 족, 도리아 족, 아이올리아 족으로 나뉜다. 그중 아테네 사람들은 이오니아 족이고, 이들은 자신들의 나라가 이오니아 지

역의 모국이라고 자처했다.

189 이온 : 이온은 아폴론과 크레우사 사이의 자식이자 이오니아 사람들의 조상이다.

190 아테나이아 : 사본들에는 아테네로 되어 있지만 편집본들은 Cobet의 수정을 받아들여 아테나이아로 고쳤다. 아테나이아가 아테네보다 더 오래된 형태의 이름이기 때문으로 보인다.

191 살아 있는 것 : 302a8부터 '살아 있는 것'으로 번역한 'zōon'은 '짐승'이나 '동물'이란 뜻으로 더 많이 사용되는 말이다. 앞으로 전개되는 궤변을 구성하는 결정적인 요소는 아니지만 에우튀데모스는 이 말의 애매함도 부수적으로 이용하고 있는 셈이다.

192 헤라클레스여 : 놀라움을 나타낼 때 쓰는 표현이다.

193 능란한 : 앞에서는 '능하다'라고도 번역한 이 말은 이런 뜻 외에 '무시무시하다'란 뜻도 있다. 아마 크테십포스는 이런 뜻도 염두에 두고 이 말을 사용했을 것이다.

194 아름다운 사물(것)도 없고 … 다른 것도 전혀 없다고 : 표현으로만 보면 앞에서 이런 말을 형제 소피스트들이 한 적은 없다. 다만 301a~b에서 에우튀데모스가 '아름다운 사물을 본 적이 있느냐'란 질문으로 시작해서 '다른 것이 다를 수 있느냐'란 질문으로 이어질 때 했던 말을 소크라테스가 이렇게 해석하는 것으로 볼 수 있다. 따라서 지금 이 말은 이런 성질을 가진 사물이 없다고 말하는 뜻으로 해석할 것이 아니라, 사물에 대하여 이런 성질을 가진다고 말하는 것이 가능하지 않다는 뜻으로 받아들이는 것이 맞겠다. 앞의 301a~b에서 에우튀데모스가 한 말을 소크라테스가 뒤이어서 '아름다운 것은 아름답지 않고 추한 것은 추하지 않으며 다른 것은 다르지 않고 같은 것은 같지 않다'란 뜻으로 해석해서 공박했다. 이에 따라 에우튀데모스는 사물에 대한 진술이 불가능하다는 입장을 가진 것으로 해석되었다.

195 이 부분에 대한 해석이 논란은 있지만 앞의 문맥과 맞추어 해석하자면, 사물에 대한 술어 진술이 불가능하다는 입장을 가진 에우튀데모

스로서는 스스로도 어떤 진술을 할 수 없는 입장에 놓이게 된다는 해석으로 풀이할 수 있다. Hawtrey가 이런 입장이고, 반면에 Sprague는 그 앞인 286c와 288a에서 모순이 없다는 소피스트의 주장에 따른 결과인 자기논박을 여기서 끌어들이는 것으로 해석한다.

196 제 정신이시라면 : 다소 강한 번역이지만 'sōphronein'의 원뜻에 가까운 번역을 했다. 앞의 281c에 어근이 같은 말인 'sōphrōn'이 나올 때는 '절제 있다'라는 말로 번역했으나 여기서는 그럴 경우 너무 문맥과 떨어지는 번역이 되어서 부득이 원뜻에 가까우면서 문맥에 맞는 번역어를 택했다. 'sōphrōnein'은 본래 '건전한 마음 상태를 갖다'란 뜻이기 때문이다.

197 핀다로스의 말처럼 물은 아무리 훌륭해도 : 『올림포스 송가』 1.1.에 인용된 핀다로스의 말은 '물은 훌륭하다'이다.

198 이 사람이 누구인지에 대해서는 논란이 있다. 일단 플라톤 당시의 유명한 연설문 작가 이소크라테스로 보는 의견이 우세하나, 특정한 인물이 아닌 유형화된 가상의 인물로 보려는 견해도 있다[Bluck(1961) p.115, n. 4].

199 이런 표현들을 써 가며 이런 식으로 말했네 : 크리톤의 이 말은 이 대화편에서 크리톤이 다른 사람의 말을 전하는 방식을 설명해 준다. 바로 앞에 크리톤이 인용한 말을 보더라도, '쓸데없다'란 말이 반복적으로 사용되면서 문장의 운을 맞추고 있는데, 이는 고르기아스나 이소크라테스의 문장과 유사하다.

200 본래 필사본에 따라 'kratistois'로 읽었다.

201 그와 같은 사람들은 놀랍지 : 소크라테스가 '그와 같은 사람들'이란 말을 하게 된 이유를 앞 문맥에서 찾으면 304d4의 "재판용 논변들에는 능한 사람들"을 들 수는 있다. 하지만 뒤에 나오듯이 소크라테스가 이 말을 한 사람이 어떤 사람인지 어느 정도 짐작하고 있다는 것을 추측할 수 있게 하는 말이기도 하다.

202 것 : '것'으로 번역한 'chrēsimos'는 'pragma'와 같은 뜻으로 '실재', '대

상', '사물'을 가리킨다.

203 크세노폰의 『향연』에 보면 결국 크리톤은 자신의 아들 크리토불로스를 소크라테스에게 보낸 것으로 되어 있다. 다만 거기서는 크리토불로스가 『에우튀데모스』에서 자신의 비교 상대로 나오는 클레이니아스에게 반해서 정신을 못 차리자 보다 못한 그의 아버지 크리톤이 소크라테스에게 도움을 청해 크리토불로스를 소크라테스에게 보낸 것으로 되어 있다(크세노폰의 『향연』 4권 23~24절 참고).

소피스트의 논변 해설

    소크라테스의 논변도 애매어를 사용한 논변 방식을 사용하고 있어 우리말로 된 번역을 읽고 이해하기가 쉽지 않겠지만, 특히 소피스트들의 논변(sophisma)은 그 정도가 심해서 본문과 한정된 주석만으로는 충분히 이해하기도 힘들고 어디서 논변이 바뀌는지조차 알기 힘들다. 애매한 낱말의 두 가지 뜻을 본문에 병기하면 오히려 읽기에 혼란을 줄 것 같다. 따라서 애매어가 주는 오류의 성격을 우리말로도 직접 체험하는 것이 소피스트의 논변의 성격을 이해하는 데 도움이 될 듯해 이 책에서는 가급적 우리말로 같은 애매함을 가지고 있는 번역어를 찾아 넣되 부득이한 경우에 한해서 주석으로 처리했다. 따라서 소피스트의 논변들을 일목요연하게 이해하기 위해서는 소피스트들의 논변을 한자리에 모아 해설할 필요를 느껴 이 글을 따로 마련했다.

논변 1

에우튀데모스는 이해하는(/배우는) 사람들이 지혜로운지 무지한지를 묻고, 지혜로운 자라고 대답한 클레이니아스를 선생에게 배우는(/이해하는) 자는 무지한 상태임을 들어 반박한다(논변 1-1).

이어서 디오뉘소도로스는 글 전문가가 불러 주는 것을 이해하는(/배우는) 쪽은 지혜로운(/아는) 쪽인지 무지한(/우둔한) 쪽인지를 묻고, 클레이니아스가 지혜로운 쪽이라고 답하자, 그렇다면 전에 이해하는 쪽은 무지한 쪽이라고 한 대답이 잘못된 것임을 들어 또 논박한다(논변 1-2).

논변 2

다시 에우튀데모스는 배우는(/이해하는) 사람은 아는 것을 배우는지, 알지 못하는 것을 배우는지 묻고, 알지 못하는 것을 배운다고 말한 클레이니아스를, 글(/글자)을 아는 사람이 글 전문가가 불러 주는 것을 이해한다(/배운다)고 하여 다시 논박한다(논변 2-1).

또다시 디오뉘소도로스는 배우는 것이 지식을 받아들이는 것인지를 묻고, 이에 긍정하는 클레이니아스를 '그렇다면 배우는 쪽은 무지한 쪽에 속한다'고 해서 논박한다(논변 2-2). (논변 1과 2 : 275c~277c)

해설

첫 번째와 두 번째 논변은 동일한 구조의 논변으로서 애매어를 이용한 논변이다. 그리스어에 '배우다'(manthanein)라는 말이 애매하게 사용되는 것을 이용하고 여기에 '지혜/무지'라는 쌍개념을 엮어서 논변을 만들었다. 하지만 이 오류 추리가 정확히 어떻게 성립되는가에 대해서는 학자들의 의견이 분분하다. Hawtrey는 이 논증이 애매어의 오류라는 점을 받아들이면서 그 가능한 논증을 셋으로 나눈다. 1) 'manthanein'만이 애매하게 사용된 경우(배우다/이해하다), 2) 'sophos'와 'amathēs'가 애매하게 사용된 경우(지혜로운/아는 — 무지한/우둔한) 3) 'manthanein', 'sophos', 'amathēs'가 모두 애매하게 사용된 경우[Hawtrey(1981) 58~61쪽 참고]. 하지만 대화편의 맥락만 생각하면 소크라테스가 이들의 논변이 끝난 후에 클레이니아스에게 이 논변이 '배우다'(manthanein)가 갖는 애매함에 근거했다고 밝히고 있기 때문에 이를 받아들이는 것이 일단은 합리적이다. 더불어 '글자를 아는 것은 글을 아는 것이다'란 취지의 논변도 사용되었는데, 이는 역시 그리스어 'gramma'가 '글자'와 '글'이라는 두 가지 뜻을 가지고 있는 애매어임을 이용한 논변이다.

이 논변에 주목하게 되는 이유는 소크라테스가 『메논』에서 이와 유사한 논변을 펼친 적이 있기 때문이다. 소크라테스는 『메논』 80d~e에서 무지한 사람은 자신이 무엇을 모르는지도 모르기 때문에 배우지 않으며, 아는 사람은 자신이 아는 것에 대해 알려고 하지 않기 때문에 무지한 자는 지혜로운 자가 될 수 없다는 논변을 소개한다. 이 논변을 소개할 때도 소크라테스는 이 논변이 '쟁론적'이라고 말해서 소피스트에게서 비롯된 것임을 암시한다. 이 논변에 대한 간접적 대답이 『에우튀데모스』에서 소피스트들이 하는 일차 권유 논변 뒤에 이어지는 소크라테스의 논변에서 주어진다. 이 간접적 대답에서 답을 찾아본다면 플라톤은 모순과 반대의 구별이 중요하다고 역설해 왔던 철학자로서, 철학자는 무지자도 지혜로운 자도 아니고 그 중간자라고 본다는 사실에서 출발할 수 있다. 이런 중간자의 강조는 플라톤의 대화편들을 관류하고 있다(『뤼시스』 216c~289c 참고). 반면에 소피스트의 쟁론술은 이런 반대자를 모순자로 파악하는 데서 성립한다[이에 대한 깊이 있는 해석은 박홍규(1995), 〈『유티데모스』편에 대한 분석〉 참고].

  * 이 논변에 대한 논의는 아리스토텔레스의 『소피스트적 논박』 165b31이하에도 나온다. 여기에는 "'알고 있는 자들이 배운다(/이해한다). 왜냐하면 음송된 것들을 배우는(/이해하는) 자들은 글 전문가들이기 때문이다.' 이 논변은 '배운다'란 말이 애매해서, '앎을 이용해서 이해한다'는 뜻과 '앎을 얻는다'란 뜻을 갖고 있기 때문이다."라고 되어 있다.

논변 3

디오뉘소도로스는 소크라테스에게 클레이니아스가 지혜로워 지기를 원하느냐고 묻고, 그렇다고 대답하자, 그것은 지혜롭지 않은 자가 지혜로운 상태가 되기를 원하는 것이라서 있는 자를 없는 자로 만들어 죽이고자 하는 것과 다름없다고 말한다(논변 3 : 283a~283d).

해설

이 논변은 역시 애매어를 이용한 논변으로서 그리스어 'einai' (to be)의 애매함을 이용한 것이다. 그리스어는 우리말과 달리 '있다'와 '~이다'를 구별하지 않고 한 단어로 사용한다. 이것은 이와 같은 궤변을 낳는 구실도 했지만 철학적으로는 실체와 속 성을 나누는 기초가 되기도 했다. 엘레아의 철학자 파르메니데 스가 'to eon'(being)을 철학적 사유의 중심에 놓고 '있음' 또는 '~ 임'의 성격을 규명한 이래 플라톤에게 이르기까지 'einai'의 문 제는 그리스 철학자들의 골칫거리였다. 그런데 이 소피스트들 은 무지한 자는 지혜로운 자가 될 수 없다는 논변을 펼친데 이어 'einai'의 애매성을 이용하여 지혜로운 자가 되라는 것은 죽으라 는 소리라고 궤변을 펼친다.

논변 4

이에 발끈한 크테십포스(클레이니아스를 사랑하는 자)가 대화에 끼어들어 디오뉘소도로스가 거짓말을 한다고 말하자, 에우튀데모스는 있지 않은 것을 말하는 것이 거짓말이지만 그가 말하는 것은 있는 것이기 때문에 거짓을 말할 수 없다고 반박한다(논변 4 : 283e~284a).

해설

일단 이 논변은 역시 애매어를 이용한 논변으로 'einai'의 의미 중에 동명사 형태인 'to on'('있는 것' 또는 '~인 것')이 '있는 것' 또는 '~인 것' 외에 '참된 것'이라는 뜻을 갖는 것(이것을 학자들은 'einai'가 갖는 '진리적 용법'이라고 한다)을 이용한 논변이다. 즉 '있는 것을 말한다'란 말이 '참된 것을 말한다'가 되어 버려 '거짓말을 하는 사람도 있는 것에 대해 말한다'를 받아들이면, 거짓말을 하는 자 역시 참된 것을 말하는 것이 되어버리는 역설을 낳는다.

하지만 이 궤변을 달리 이해할 수 있는 방법도 있다. Gifford처럼 '~을 말하다'(legein ti)란 구절의 애매함을 이용했다고 보는 방법이다. 오류론에서는 '애매구의 오류'라고 부른다. 그리스어에서 이 구문은 '~을 말하다'란 뜻과 '~에 대하여 말하다'란 두 가지 뜻을 가질 수 있다. 이렇게 볼 경우, 앞의 것은 '대상에 대하여 있는 그대로 말한다'란 뜻이 될 수 있는 반면 뒤의 것은 '어떤 대상을 화제의 중심으로 삼는다'란 뜻이 된다. 크테십포스가 받아들인 의미는 뒤의 것이었으나 소피스트들은 앞의 의미로 이 애매구를 사용해서 역설을 낳았다고 보는 방식이 바로 Gifford가 이 구절을 이해하는 방식이다(Gifford, 앞의 책 해당 부분 주석 참고).

논변 5

이에 크테십포스가 그는 있지 않은 것을 말한다고 하자, 있지 않은 것에 대해서는 그 무엇도 할 수 없기에 거짓말은 불가능하다고 말한다(논변 5 : 284a~284c).

해설

이 논변에는 '말하는 것은 행하는 것이고 행하는 것은 하는(만드는) 것이다'란 전제가 깔려 있다. 따라서 거짓말을 하는 사람도 '있는 것(~인 것)'에 대해 말한다는 전제를 받아들임으로써 '거짓말을 하는 사람은 없다'란 결론에 이르렀던 크테십포스가 이 전제를 부인하고 '거짓말을 하는 사람은 있지 않은(~이지 않은) 것을 말한다'란 전제를 택하려고 해도 '말하는 것은 행하는 것이고 행하는 것은 하는 것이다'란 전제에 막혀 버리고 만다. 이 전제는 크테십포스가 바로 앞에서 동의했던 것이다.

논변 6

크테십포스가 디오뉘소도로스는 있는 것들을 말하더라도 있는 그대로 말하지 않는다고 반박하자, 에우튀데모스는 있는 것들을 있는 그대로 말하는 사람이 누군지를 묻고, 훌륭한 사람이라는 답을 얻는다. 이 답을 가지고 에우튀데모스는 훌륭한 사람은 나쁜 것들은 있는 그대로 나쁘게 말한다고 함으로써 훌륭한 사람이 나쁘게 말한다는 역설을 끌어내서 크테십포스를 곤경에 빠트리려고 한다(논변 6 : 284c~285d).

해설

역시 말의 애매함을 이용한 논변으로 대상의 질을 행위의 질로 변형시킨다. 즉 훌륭한 사람이 있는 그대로 말하는 사람이라는 크테십포스의 주장을 이용하여, 훌륭한 사람은 좋은 사람은 좋다고, 나쁜 사람은 나쁘다고 말한다는 뜻을 좋은 사람은 좋게, 나쁜 사람은 나쁘게(잘못) 말한다는 역설로 끌고 간다.

논변 7

디오뉘소도로스는 '반대하다'라는 말을 문제 삼아, 사람들은 서로 반대되는 말을 할 수 없다고 반박한다. 그것은 누군가가 말을 하는 것은 그 사물의 '로고스'(logos, 참된 진술)를 말하는 것인데, 같은 사물의 'logos'를 말하면, 결국 같은 것을 말하는 것이 되기 때문이라는 것이다(논변 7 : 285d~286b).

해설

이 논변은 'logos'의 독립성으로부터 성립한다. 이미 앞에서 'logos'는 있는 대상에 관한 것이라는 것을 확보한 디오뉘소도로스가 여기 와서 이것을 근거로 반박 불가능성 논변을 펼친다. 디오뉘소도로스는 'logos'를 사용하는, 즉 일반적으로 어떤 사물에 대한 진술을 하는 경우의 수를 나눠서 그 경우의 수 모두에 반박이란 것이 불가능함을 보인다. 첫 번째 것은 같은 사물에 대한 (같은) 진술을 하는 경우로서, 이 논변에는 '같은 진술'이라는 것이 전제되어 있고, 따라서 '같은 내용'이라는 전제를 부당하게 선취하고 있다. 따라서 크테십포스가 이해한 내용은 '같은 사물에 대한 같은 내용의 진술을 말하는 경우'라서 당연히 반박이 불가능하게 된다. 두 번째로는 서로 그 사물에 관한 진술을 하지 않는 경우인데, 이 경우에는 '서로 다른 대상에 대해서'라는 전제가 빠져 있다. 반박은 동일한 대상에 대해서 서로 다른 말을 하는 경우라면 설사 둘 다 틀린 말을 하더라도 성립될 텐데, 크테십포스는 '서로 다른 대상에 대한 진술을 서로 다른 대상에 대해 한다면'으로 알아들어서 반박하지 못했다고 보는 것이 적절하다. 세 번째로는 한 쪽은 문제가 되는 대상에 대한 진술을 하고 다른 쪽은 다른 대상에 대한 진술을 하는 경우인데, 이 경우에도 '다른 대상에 대하여'라는 전제가 빠져 있어서 크테십포스는 '한 쪽은 그 대상에 대한 진술을 하고 다른 쪽은 다른 대상에 대한 진술을 다른 대상에 대하여 하고'라고 알아들었고, 이어지는 논변인 '따라서 다른 대상에 대한 진술을 다른 대상에 대하여 하는 사람은 말을 하지 않는 것이다'를 '다른 대상에 대한 진술을 다른 대상에 대하여 하는 사람은 문제되는 대상에 대해서는 말을 하지 않는 것이다'로 알아들었던 것으로 보인다. 여기서도 '문제되는 대상에 대해서'는 숨은 전제로 부당하게 상정된 것이라 볼 수 있다.

논변 8

'할 줄 모른다'는 말의 진의를 묻는 소크라테스의 말을 붙잡아 말이 의미(/의도)를 가지면 말이 혼이 있다는 뜻인지를 묻고, 그렇게 생각하지 않는다면 왜 말이 생각하는 바를 물었느냐고 공박한다(논변 8 : 287b~287e).

해설

역시 말의 애매함을 이용한 논변이다. 그리스어로 '뜻하다' (noein)가 '어떤 의미를 갖는다'란 뜻과 '어떤 뜻을 품다'란 두 가지 뜻을 가지고 있어 무생물인 언어가 혼을 가진 의식적 존재처럼 뜻을 품을 수 있다는 역설로 끌고 간다.

논변 9

에우튀데모스는 난관에 봉착한 소크라테스와 클레이니아스의 대화에 끼어들며 그들이 찾는 앎을 알려 주겠다고 제안한다. 그리고 무엇인가를 아는 사람은 아는 상태이기 때문에 모든 것을 안다고 주장한다. 소크라테스는 '동일한 것이 있으면서(/이면서) 있지 않은(/이지 않은) 것이야 말로 불가능하다'는 논거로 그가 그런 주장을 한다고 분석하고, 그들이 소소한 기술까지 알고 있느냐고 묻자 그들은 그렇다고 답한다(논변 9 : 292e~294b).

해설

이 논변은 수식 어구를 생략하는 방식으로 구성되었다. 아는 것은 항상 대상이 있는 한정된 행위인데, 소피스트들은 '안다'는 사실에만 주목하게 함으로써 수식 어구인 '그 무엇에 대해서'를 빼버려서 '아는 사람은 모든 것에 대해 안다'란 뜻으로 만들어 버린다.

논변 10

소피스트들이 태어날 때부터 아는지를 묻자, 그들은 아는 자는 언제나 안다고 대답한다. 이에 대한 해명을 소크라테스가 요구하면서 대화가 재개되지만 질문의 뜻을 분명히 하려는 소크라테스와 이를 못마땅해하고, 되묻는 것을 금지하는 에우튀데모스

사이에 언쟁이 잠깐 펼쳐진다. 소크라테스는 이름(단어)의 애매함을 이용하여 논변을 펼치려는 에우튀데모스의 의도를 간파하고 있지만 되묻기를 거듭하면 대화가 중단되리라고 생각해서 에우튀데모스의 요구를 따른다. 이에 에우튀데모스는 '무엇을 알 때, 그것을 어떤 것인가로 하는지' 그리고 '바로 그것으로 언제나 아는지'를 묻고, 다시 '그것'을 빼서 '언제나 안다'에 소크라테스가 동의한 것으로 간주하고, '소크라테스는 언제나 알고 있다'란 결론을 도출한다(논변 10 : 294e~296d).

해설

논변 9와 같은 방식인데 논변 9는 대상에 관한 수식 어구를 생략했던 경우고, 이 논변에서는 시간에 관한 수식 어구를 생략한 경우다.

논변 11

에우튀데모스에게 디오뉘소도로스가 한 말이 맞는지를 확인하는 소크라테스의 말을 가로막고, 디오뉘소도로스가 실수를 만회하기 위해서 새로운 논변을 펼친다. 그는 '누군가의 아버지가 아닌 자는 아버지가 아니다'란 논지를 갖고 '소크라테스는 아버지가 없다'란 결론을 이끌어 낸다(논변 11 : 297b~298b).

역시 관계술어인 '아버지'를 이용해서 수식 어구를 빼 버림으로써 논변을 도출하였다. 아버지는 누군가의 아버지인데, 그 '누군가'를 빼 버림으로써 역설이 성립하였다. 여기서는 부정문인 '소프로니스코스는 파트로클레스의 아버지가 아니다'에서 수식 어구인 '파트로클레스의'를 빼버림으로써 '소프로니스코스는 아버지가 아니다'를 도출했다.

논변 12

다시 끼어든 크테십포스는 '아버지인 자는 결국 모든 것의 아버지가 되느냐'고 묻고, 이를 긍정하는 에우튀데모스에게 '아버지는 모든 것의 아버지'고 그래서 에우튀데모스의 아버지는 돼지고 개라고 일갈하고, 에우튀데모스는 당신 아버지도 마찬가지라고 응수한다(논변 12 : 298b~298d).

해설

논변 11과 정반대되는 논변으로 수식 어구를 빼버림으로써 모든 것의 아버지가 되는 경우를 만들었다.

논변 13

이어 디오뉘소도로스는 한 가지 주어에 붙는 여러 술어들이 같은 것을 지칭한다고 보이고 '크테십포스의 개는 크테십포스의 아버지'라는 결론을 끌어낸다. 그리고 그 개를 때리는 것은 자기 아버지를 때리는 것이라고 윽박지른다(논변 13 : 298d~298e).

해설

이 논변은 문장의 주어에 오는 것과 술어에 오는 것을 포함관계가 아닌 동일성 관계로 보고 펼치는 논변이다. 즉 '크테십포스에게 속하는 개는 아버지다'와 '크테십포스에게 속하는 개는 크테십포스의 것이다'란 두 문장을 각기 동일성 문장으로 보아 '크테십포스에게 속하는 것은 아버지이다'란 문장을 만들고 '크테십포스에게 속하는 아버지는 크테십포스의 것이다'란 문장에서 '크테십포스의 것' 대신에 '그 개'를 집어넣음으로써 '그 개는 크테십포스의 아버지다'란 결론을 이끌어 냈다.

논변 14

당신들 덕분에 당신네 아버지는 좋은 꼴을 많이 보겠다고 빈정거리는 크테십포스의 말꼬리를 잡아, 에우튀데모스는 좋은 것은 많이 필요 없다는 논변을 부려 보지만, 되려 브리아레오스 같은 존재에게는 많이 필요하다는 크테십포스의 말에 에우튀데모스는 침묵한다(논변 14 : 298e~299c).

'좋다'란 말 역시 수식 어구가 필요한 관계어라는 것을 이용한 논변이지만, 앞의 논변과 달리 수식 어구를 붙여 역설을 만들어 낸다.

논변 15

디오뉘소도로스가 나서서, 좋은 것을 많이 갖는 것이 좋다면, 죽어 몸이 보석으로 장식되면 행복하겠냐고 빈정거리고, 스퀴티아 사람들이 장식된 해골잔을 사용하는 것을 이용해 크테십포스가 논변을 부리자 디오뉘소도로스는 '사람들은 볼 수 있는 것을 보는지, 볼 수 없는 것을 보는지' 묻고, 전자를 긍정한 크테십포스에게 '그렇다면 그것은 무엇을 보는지' 묻는다. 이에 크테십포스는 온갖 애매한 말들을 이용해 같은 식의 논변을 펼치며 '당신들은 아무 말도 하지 않으며(/쓸데없는 소리를 하며) 말을 한다'고 응수한다(논변 15 : 299d∼300a).

해설

애매어를 이용한 온갖 논변들이 등장한다. 특히 여기서는 애매구의 오류를 이용한다. 그리스어에서는 동명사와 부정사의 주어가 목적격 형태를 취하는데, 구조상 이것이 동명사나 부정구문의 주어인지 목적어인지 구별하기 애매한 점을 이용하여 펼치는 오류 추리가 여기 등장한다. 즉 '옷들은 볼 수 있다'(dynata horan himatian)란 말이 '옷들을 볼 수 있다'란 말과 '옷들이 볼 수 있다'란 말로 해석될 수 있음을 이용하여 궤변을 펼친다. 이 방식은 앞의 논변 4의 오류를 이해하는 두 번째 방식과 같은 것이다. 아리스토텔레스의 『소피스트적 논박』 166a10 이하에도 같은 논변이 실려 있다.

논변 16

이에 디오뉘소도로스는 다시 말꼬리를 잡아, 침묵하는 것은 말할 수 없는지 묻고, 말하지 않는 쇠붙이에 대해 말하는 것은 침묵하는 것이(/에 대해) 말하는 것이라고 한다(논변 16 : 300b).

해설

역시 동명사와 부정사의 주어와 목적어 둘 다로 이해될 수 있는 대격을 이용한 궤변이다.

논변 17

반면에 말하는 것이 침묵한다는 주장을, 디오뉘소도로스는 '침묵하면, 모든 것에 대해 침묵하고, 그 모든 것에 말하고 있는 사안도 포함된다면, 말하는 것이(/~에 대해) 침묵하는 것'이라고 논증한다(논변 17 : 300c).

같은 형식의 논변이다.

논변 18

이 상황을 즐거워하는 클레이니아스를 보고 크테십포스가 기고만장해질까 걱정이 된 소크라테스가 '왜 아름다운(가치 있는) 장면을 보고 웃는지' 묻자, 디오뉘소도로스는 이 말꼬리를 잡고 '아름다운 것들이 아름다운 이유가 아름다운 것 자체가 자리하기 때문인지' 묻고, 그렇다면 소 옆에 있으면 소가 되는지 반문하여 '아름다운 것들이 아름답지 못함'을 증명한다(논변 18 : 300e~301b).

해설

이 논변은 일단 '자리하다'(pareinai)의 애매함을 이용한 논변이다. 형상을 생각하게 하는 '아름다움'이 아름다운 대상에 자리함으로써 아름다운 대상이 아름답게 된다는 소크라테스의 답변을 이용해서 같은 단어를 사용하여 형상과 개별자의 관계가 아닌 개별자끼리의 관계에도 적용하여 '소 옆에 자리 잡으면 내가 소가 된다'란 식의 논변을 펼쳤다.

논변 19

이들의 논변이 '동일성'에 대한 당연한 사실을 무시하고 장인의 솜씨로서 적합하지 못한 일을 했다고 반박하는 소크라테스의 말꼬리를 잡아 각 장인들에게 적합한 일은 거꾸로 그 장인들에게 그 일을 하는 것이라는 논변을 디오뉘소도로스는 이끌어 낸다(논변 19 : 301b~301e).

해설

역시 동명사와 부정사의 대격 주어를 애매하게 파악함으로써 성립하는 궤변이다.

논변 20

다시 디오뉘소도로스는 '나의 것'이라는 소크라테스의 말꼬리를 잡아 '자신의 것을 맘대로 할 수 있다면 자신의 것인 신도 맘대로 할 수 있다는 뜻'이라고 논변을 펼친다(논변 20 : 301e~303a).

해설

이미 크테십포스를 상대로 펼쳤던 논변 13과 같은 방식의 논변으로 모든 주술 관계를 동일성 관계로 파악했다. 여기에는 신성모독을 서슴지 않는 소피스트의 행태까지 드러난다.

논변 21

다시 끼어든 크테십포스가 빈정거리며 한 말인 '우아 헤라클레스'란 말을 붙잡아, 디오니소도로스는 이를 동일성의 주술문장으로 보고 양자의 동일성을 따지는 논변을 펼친다(303a~303b).

해설

논변 20과 마찬가지로 논변 13에서 사용했던 동일성 명제 방식으로 성립된 궤변이다.

작품 안내

1. 작품의 특성

『에우튀데모스』는 플라톤의 작품 중에서는 『향연(Symposion)』만이 필적할 수 있다고 할 만큼 구성이 뛰어난 작품이다. 형식과 내용의 통일이 예술 작품의 특징이라고 할 때, 『에우튀데모스』는 뛰어난 예술 작품이라고도 할 수 있다. 하지만 이 대화편이 희극의 형식을 띠고 있는 탓에 쇼리(P. Shorey) 같은 학자는 내용의 빈약함에도 불구하고 그 형식의 탁월함 때문에 고전으로서 살아남았다는 평가를 하기도 했다. 실제로 『에우튀데모스』가 아테네의 유명한 희극작가인 아리스토파네스의 작품을 연상시키는 희극적 구성을 하고 있다는 사실 때문에 기존의 많은 학자들로부터 다소 냉대를 받은 것이 사실이다. 에우튀데모스와 디오뉘소도로스의 인물 설정이 우스꽝스러운 것은 풍자의 대상이기에 당연하다고 하더라도 이들을 대하는 소크라테스의 태도마저 과장되어 있다는 점 때문에 이 대화편이 점잖은 철학자들에게 좋은 평가를 받기 어려웠을 것이다. 그러나 쇼리와 같은 입장은 대화편의 맥락과 숨은 설정에 충분히 주목하지 못한 탓에 나온 설부른 입장이라고 할 수 있다. 소크라테스는 소피스트들에 대해서는 과장된 칭송의 언행으로 그들을 풍자하는 반면, 덕으로 이끌 대상인 클레이니아스에 대해서는 대단히 온유하고 자상한 태도를 보인다. 대화의 내용 중에 나오듯이 소크라테스는 끊임없이 장난과 진지함 사이를 오가며 농담과 진담을 뒤섞는 희극의 주인공이다.

플라톤은 왜 이 대화편에서 하필 희극의 형식을 택했을까? 그건 아마도 일차적으로는 논의의 주된 대상이 되는 에우튀데모스와 디오뉘소도로스의 주장들이 다분히 우스꽝스러운 것이라는 사실을 적나라하게 보여 주고자 하는 의도 때문이었을 것이다. 아리스토텔레스 이래 발달한 오류론으로 무장한 현대인들에게는 소피스트들의 궤변이 한갓 말장난으로 보이겠지만, 이들의 궤변을 논파할 논리적 장치가 없었던 당시로서는 소피스트의 궤변은 아테네 사람들을 분노와 찬탄이라는 극단적 감정에 빠지게 하거나 이도 저도 아닌 혼란에 빠뜨리는 것이었다. 이런 그들의 궤변을 다루는 대화편을 풍자적 희극의 형식으로 시작함으로써 플라톤은 읽는 사람이 저들의 궤변으로부터 충분한 심리적 거리를 확보하게 했다.

『에우튀데모스』의 구성이 탁월한 이유 중의 하나가 등장하는 인물들의 특성이 대화의 내용과 적절하게 맞아 떨어진다는 점이다. 플라톤은 소크라테스의 교육적 효과를 보여 주는 인물로는 클레이니아스를 설정하고, 형제 소피스트의 영향력의 실체를 보여 주는 인물로는 크테십포스를 설정했다. 아울러 이야기 속에 이야기를 담은 액자 형식을 취하면서 액자 바깥 인물로 자식 교육에 고민하는 소크라테스의 친구 크리톤을 배치했다. 『에우튀데모스』는 이렇게 잘 짜여진 인물 배치와 희극적 구성으로 인해 글 전체의 주장을 형식만으로도 충분히 드러내 주는 작품이 되었다.

하지만 희극이라고 해도 『에우튀데모스』가 그리 쉽게 읽히는 대화편은 아니다. 일단 읽기는 재미있다. 등장하는 인물들도 우스꽝스러울뿐더러 나오는 논변들도 시시껄렁한 말장난처럼 보이기에 경건한 마음으로 책을 들었다가는 난감한 심정이 들기도 한다. '소크라테스가 뭐 이래' 하는 심정이 들 법도 하다. 그러나 『에우튀데모스』는 희극의 묘미를 살리느라 대화를 압축적으로 구성했기 때문에 행간을 흐르는 등장인물들의 심리에 대한 이해가 없으면 은유와 암시, 함축된 의미가 파악되지 않는다. 플라톤이 이 대화편을 세상에 내놓았을 때도 그랬겠지만 수천 년의 세월이 지난 후에 이 희극의 은유, 암시, 함축된 의미를 즉석에서 깨닫고 웃음을 터트리기는 힘들다. 해설을 읽고 나서야 농담을 이해한다는 것은 곤혹스러운 일이다. 하지만 이런 곤혹스런 작업을 거쳐도 좋을 만큼 『에우튀데모스』에 숨겨진 철학은 의미심장하다. 비교적 젊은 나이의 플라톤이 당시에도 여전히 위세를 떨치고 있던 소피스트와 자신의 스승인 소크라테스의 차이점을 철학적으로 해명하는 한편, 소피스트들이 제기해 놓은 도전적인 질문들에 대한 대답을 소크라테스 철학의 연장선상에서 해명하려는 기획의 초안이 이 대화편에 담겨 있기 때문이다. 그 바쁜 와중에도 장성한 아테네의 젊은이들을 위한 고등교육의 자리에 왜 철학이 와야 하며 진정한 정치가는 어떤 앎을 가져야 하는가까지 다루는 한편, 교육의 자리를 놓고 각축전을 벌이고 있던 소피스트, 철학자, 그리고 이소크라테스로 대변되는 정치 논설가들의 관계까지 드러내고 있다. 『에우튀데모스』가 읽을수록 재미가 우러나는 이유다.

2. 소크라테스와 소피스트

앞에서 밝혔듯이 『에우튀데모스』는 소크라테스와 소피스트의 철학적 차이를 해명하려는 목표를 갖고 있다. 이것은 플라톤의 스승 소크라테스가 소피스트와 구별되지 않아 억울한 죽음을 당했다는 사실과 관련되어 있다. 따라서 이 대화편은 죽은 소크라테스의 복권을 요청하는 변론의 대화편이기도 하다.

민주정권이 성립된 아테네에서 정치적으로나 법적으로 말 잘하는 능력이 필요하게 되자, 그리스 각지에서 이런 능력을 갖추었다고 자처하는 사람들이 아테네로 들어와서 주로 부유한 귀족 자제들에게 연설 기술을 가르쳤다. 이들은 자신들이 진정한 지혜를 가르칠 수 있다고 했기 때문에 흔히들 이들을 묶어서 '지혜로운 자'라는 뜻의 '소피스트(sophistēs)'라 불렀다. 대표적인 소피스트가 바로 프로타고라스와 고르기아스 등이며, 에우튀데모스와 디오뉘소도로스는 나이가 많기는 하지만 뒤늦게 소피스트 기술을 배웠다는 점에서 차세대 소피스트라고 볼 수 있다. 사실 플라톤은 소피스트라고 해서 무조건 『에우튀데모스』에서처럼 풍자와 조롱을 일삼지는 않는다. 일세대 소피스트들과 소크라테스가 나눈 대화를 담은 『고르기아스』와 『프로타고라스』에서는 소크라테스가 상대적으로 공손한 태도를 취하며 그들의 주장도 진지하게 검토한다. 물론 소피스트들의 주장이 갖는 함축이 부정적이라는 평가는 여전히 달라지지 않지만, 그들이 제기한 문제 자체는 진지하게 숙고할 만한 것이라는 생각이 깔려 있다고 볼 수 있다. 반면에 차세대 소피스트에게는 이미 그 주장들이 세속화되고 도구화되어 풍자의 대상으로 삼을 수밖에 없다는 플라톤 자신의 평가가 『에우튀데모스』에 담겨 있다. 이렇듯 같은 소피스트들에 대해서도 달라지는 플라톤의 평가를 이해하기 위해서는 소피스트 일반에 대한 플라톤의 이해를 살펴볼 필요가 있다.

1) 소피스트에 대한 플라톤의 이해

플라톤이 이해한 소피스트의 모습에 대해 알아보기 전에 먼저 확인할 것은 플라톤이 소피스트와 연설가(rhētōr)를 어떻게 구별했는가 하는 것이다. 일반적으로 소피스트들이 아테네의 명문자제들에게 가르친 것이 '연설 기술(rhētorikē technē)'이라고 알려져 있으나 플라톤이 '소피스트 기술(sophistikē technē)'이라는 용어도 따로 쓰고 있는 만큼 그 구별을 분명히 할 필요가 있기 때문이다.

먼저 『고르기아스』 464b7~c3을 보면 "정치 기술 중에서 입법 기술이 신체 단련 기술에 대응하고 정의의 기술은 의술에 마주하는 짝입니다. 이것들은 동일한 대상에 관계하기 때문에 의술은 신체 단련 기술과, 정의의 기술은 입법 기술과 서로 공유하는 부분이 있습니다. 하지만 그럼에도 불구하고 어떤 점에서는 이것들은 서로 다릅니다"라고 해서 정치 기술의 하위 부류에 정의의 기술(dikaiosynē, 재판 기술)과 입법 기술이 속한다는 점을 밝히고, 이어서 465c2~8에서는 "입법 기술과 소피스트 기술의 관계는 신체 단련 기술과 치장 기술의 관계와 같으며, 정의의 기술

(재판 기술)과 연설 기술의 관계는 의술과 요리 기술의 관계와 같지. 그렇지만 내가 말했듯이 이것들은 본성상 그렇게 구분될 뿐이고, 소피스트와 연설가는 가까운 관계라서 같은 장소에 뒤섞여 있고, 같은 일에 관계하기 때문에 그들 자신도 자신들이 무엇을 하는 사람인지 모르고 다른 사람들도 그들이 무엇을 하는 사람인지 모르지"라고 해서 입법 기술과 정의의 기술의 사이비 기술이 소피스트 기술과 연설 기술임을 밝히고, 양자를 구별하는 것이 쉽지 않다는 점도 밝히고 있다.

이를 정리하면 소피스트 기술은 사이비 입법 기술, 연설 기술은 사이비 재판 기술에 관계된다. 따라서 상당히 엄격한 이 구분을 『에우뒤데모스』에 적용하면, 에우뒤데모스와 디오뉘소도로스가 이전에 아테네를 방문했을 때는 군 지휘관과 관련된 기술을 가르치고 법정 연설을 직접 하거나 돕는 일을 했으나, 이번 방문 때는 쟁론술을 배워 와서(272b7) 바야흐로 소피스트의 기술을 펼치기에 이르렀다고 볼 수 있다.

다른 한편 블럭(Bluck)의 구분에 따르면 소피스트들 중에는 스스로 덕(aretē)을 가르친다고 공언하는 소피스트가 있었고, 가르칠 수 없다고 말한 소피스트도 있었다[Bluck(1961), 1쪽]. 덕을 가르칠 수 있다고 공언한 소피스트들로는 프로타고라스, 에우에노스, 에우뒤데모스, 디오뉘소도로스, 프로디코스가 있고, 가르칠 수 없다고 말한 소피스트로는 고르기아스가 대표적이다[이에 대한 논쟁은 Bluck(1961), 205~206쪽과 Dodds(1959), 6~7쪽 참고].
게다가 고르기아스는 스스로 자신을 연설가라 부른다(『고르기아
스』 449a). 그래서 소피스트와 연설가를 구분한 앞의 구별이 덕
의 가르침에 관련한 양자의 태도와도 맞아떨어지는 듯하다. 그
러나 자신이 가르친다고 말하는 연설 기술과 덕의 관계에 대한
고르기아스의 이해는 불분명하다. 왜냐하면 고르기아스는 자신
의 연설 기술이 "사람들 자신에게 진실로 가장 좋은 것이자 자유
의 원인인 동시에 제 나라에서 다른 사람들을 다스릴 수 있게 하
는 원인(『고르기아스』 452d5~8)"이라고 하는데, 『메논』의 메논에
따르면 "다른 사람들을 다스리는 것"이 바로 "덕"(『메논』 73c6~7)
이기 때문이다. 즉 고르기아스의 연설 기술이 바로 덕 자체 또
는 덕의 일종이라는 결론이 나온다. 또한 플라톤은 『고르기아스』
460d5~461b2에서 고르기아스가 처음에 주장했던 것과는 달리
(『고르기아스』 456c7~457c3) 연설 기술은 정의와 부정의에 대한
앎과 무관하다는 점을 밝혀서 고르기아스가 연설 기술에 대해
갖고 있는 생각이 일관되지 못함을 폭로한다. 이를 통해 정리하
면 플라톤은 연설 기술이란 주로 법정에서 자신의 입장을 재판
관들에게 설득시키는 기술이라고 이해하고, 반면에 소피스트 기
술이란 '덕을 가르칠 수 있다'고 자임하여 정치가가 되려는 귀족
자제들에게 연설 기술을 비롯한 쟁론술을 가르침으로써 궁극적
으로 입법 과정에 개입하는 것이라고 생각하는 듯하다. 이러한

생각은 『에우튀데모스』편의 두 형제 소피스트에게도 대체로 적용될 수 있을 듯하다. 그들은 이전에는 주로 장군이 되려는 자들에게 장군과 관련된 기술을 가르치거나 법정용 연설 기술을 가르쳤으나 이제는 쟁론술을 터득하고 덕을 가장 빨리 아름답게 가르칠 수 있다고 자임하면서 클레이니아스와 같은 정치가를 지망하는 귀족 자제들에게 손을 뻗친다고 볼 수 있기 때문이다.

2) 소피스트와 소크라테스의 '덕' 개념 차이

소크라테스와 소피스트는 대립과 갈등의 관계에만 놓여 있다는 것이 기존의 생각이었다면 커퍼드(G. B. Kerferd)가 『소피스트 운동(*The Sophistic Movement*)』을 출판한 이래 사정은 많이 달라졌다. 소크라테스의 철학을 제대로 이해하기 위해서는 소피스트들이 일으킨 새로운 사상적 운동의 맥락에서 소크라테스의 생각을 조망할 필요가 있다는 공감대가 널리 형성되었다. 전통적으로 문제시되지 않던 영역에 대해 소크라테스와 소피스트가 공유한 새로운 문제들 가운데 하나로 '덕'에 대한 문제를 꼽을 수 있다. 소크라테스와 소피스트는 모두 '덕이 가르쳐질 수 있는가'에 대해 지대한 관심을 갖고 있다. 그런데 이 질문은 전통과 대립되는 성격을 갖는다. 전통적인 의미에서 '지혜', '용기', '절제', '정의(올바름)' 등은 타고나는 것이지 배울 수 있는 것이 아니기 때문이다. 이는 신화적 영웅인 헤라클레스와 아킬레우스가 신의 아들로서 용기를 대변하는 영웅이고, 오뒷세우스나 팔라메데스같이 '지혜'를 대변하는 영웅들 역시 신의 아들이거나 신적인 존재로부터 가르침을 받은 영웅이라는 점을 보아도 알 수 있다. 이 점은 현재의 우리도 일상적으로는 타고난 자질의 중요함을 인정한다는 점에서 지금까지도 명맥을 이어오는 생각이기도 하다. 따라서 신분이나 출신에 상관없이 '능력'만 있으면 정치적으로 출세할 수 있는 길이 활짝 열린 민주주의 시대의 아테네에서는 '덕의 교육 가능성'이 중요한 주제가 되었다고 볼 수 있다. 이에 대해 소피스트는 그 직업의 특성상 당연히 덕을 가르칠 수 있다고 생각하고, 이 대화편에 등장하는 에우튀데모스와 디오뉘소도로스가 바로 그런 태도의 전형을 보여 준다.

다른 한편 소크라테스나 소피스트 모두 덕이란 그저 단순한 기술적 앎이 아니라는 데 동의한다. 이는 『고르기아스』의 고르기아스가 그렇고 『프로타고라스』의 프로타고라스도 인정하는 것이며, 소크라테스도 이 점을 대화편 여러 곳에서 밝히고 있다. 진위 논쟁이 걸려 있기는 하나 『알키비아데스 I』에서도 소크라테스는 이 점을 알키비아데스와 대화를 나누며 밝히고 있다.

소크라테스와 두 형제 소피스트는 다 같이 '덕'이라는 말을 사용하고 있기는 하지만 그 구체적인 의미는 다르다. 이 점이 소크라테스와 소피스트의 철학의 차이를 잘 드러내 주는 지점이기도 하다. '덕(aretē)'의 번역어 중에 '탁월함'과 '훌륭함'이 있다. '탁월함'은 '남보다 탁월하다'는 비교의 의미를 함축하고 있는 반면, '훌륭함'은 비교를 함축하지 않는, 그 자체가 기준이 되는 말이다.*

따라서 소크라테스와 플라톤은 '덕'이 '(사람으로서) 훌륭함'이 되어야 한다고 생각하지만 상대를 논쟁에서 꺾어 누르는 것을 능사로 생각하는 소피스트에게 '덕'은 '남보다 뛰어남이요 탁월함'이다. 'aretē'라는 말이 품고 있는 이 대립된 함의는 바로 이 대화편에서 소크라테스와 두 형제 소피스트가 대립하는 지점이기도 하다. 이 대립은 소피스트들의 '쟁론술'과 소크라테스의 '변증술'의 대립이라고도 할 수 있다.

3) 플라톤의 형상 이론과 소피스트의 궤변

플라톤의 초기 대화편에 과연 형상 이론이 있는가 하는 문제는 논란의 대상이다. 또한 『에우튀데모스』가 초기와 중기 중 어느 쪽에 속하는지도 논란거리다. 물론 형상 이론은 아닐지라도 보편적인 개념들의 설정과 그 보편적인 개념들이 개별적인 사람이나 사물과 어떻게 연관되는지에 대한 의문과 설명은 초기 대화편에 얼마든지 나타날 수 있다. 하지만 『에우튀데모스』가 특이한 점은 플라톤의 형상 이론이나 상기설을 연상시키는 주장들을

---

* 플라톤의 『국가』를 비롯해서 플라톤의 주요 작품들을 번역한 박종현 선생의 지적이다[특히 박종현(2006), 44~47쪽, 160쪽의 주석 19 참고].

소크라테스가 아니라 소피스트의 입에서 듣게 된다는 점이다.

커퍼드(2003)가 해설한 소피스트들의 문제 제기 등을 통해 이해하면 이러한 상황은 플라톤의 형상 이론이 소피스트들의 문제들을 해결해 가는 과정에서 도출된 이론이라는 추정을 가능하게 한다. 비록 초기 소피스트들의 철학적 문제 제기가 차세대 소피스트에게 와서는 남을 논박하고 그것으로 재판에 이기거나 정치적 권력을 차지하는 수단으로 전락해 버렸지만, 플라톤은 소피스트의 문제 제기 자체는 중요한 것으로 봤을 것이다. 하지만 소피스트들이 제시한 해결 방식은 플라톤으로서는 받아들일 수 없었을 것이다. 그들의 결론은 상대주의적이며 유명론적이라 공동체의 도덕적 가치를 훼손하고 인간의 정신적 능력을 폄하하기 때문이다. 이는 스승 소크라테스의 철학적 정신과도 맞지 않는다. 따라서 플라톤이 소크라테스 사상의 연장선에서, 그리고 아마도 자신이 이탈리아 여행을 통해 알게 된 파르메니데스의 철학 등을 통해서 문제를 해결하는 기본 방향을 설정해 놓은 대화편이 『에우튀데모스』로 보인다.

3. 대화편의 줄거리

『에우튀데모스』는 액자 형식을 취하고 있는 대화편이다. 따라서 액자 안에서 전개되는 이야기와 액자 밖에서 전개되는 이야기가 맞물리는 구조를 취하고 있다. 전체 구성을 보면 액자 밖에서 소크라테스와 크리톤이 나누는 이야기가 대화의 맨 앞과 중간, 맨 나중에 나온다. 액자 안에서는 소피스트들과 클레이니아스가 나누는 첫 번째 권유 논변, 소크라테스와 클레이니아스가 나누는 첫 번째 권유 논변, 소피스트들과 크테십포스가 나누는 두 번째 권유 논변, 소크라테스와 클레이니아스가 나누는 두 번째 권유 논변, (크리톤의 개입), 소피스트들과 크테십포스가 나누는 세 번째 권유 논변 순으로 진행된다.

4. 대화편 저술 시기

플라톤의 대화편들을 초기 - 중기 - 후기로 나누는 일반적인 구분에 따르면 『에우튀데모스』는 초기에 배치할 수 있는 대화편이다. 물론 이런 배치에 대한 논란이 전혀 없는 것은 아니지만 대체로 초기 작품이라는 데 합의가 이루어진 상태다. 문제는 초기에 저술된 것으로 지목되는 대화편들 사이에서 『에우튀데모스』가 어디쯤에 위치하느냐는 것이다. 일단 플라톤의 초기 작품 중에서도 나중에 저술된 것으로 추정되며, 『메논』, 『뤼시스』, 『대 히피아스(Hippias meizōn)』, 그리고 『고르기아스』와 한 부류로 묶인다. 이 대화편들 사이에서 『에우튀데모스』가 어디에 위치하는가는 소크라테스의 사상과는 구분된다고 하는 형상 이론과 상기설에 대한 이해와 소피스트에 대한 이해에 달려 있다.

『에우튀데모스』 안에 형상 이론과 상기설을 연상시키는 구절들이 있는 것은 분명하다. 그러나 정말 이 구절들이 플라톤의 머릿속에서 형상 이론과 상기설이 정립된 후에 쓰인 구절인지는 논란거리다. 문제의 구절들이 형상 이론과 상기설을 전제하지 않고도 이해될 수 있기 때문이다.

옮긴이는 『에우튀데모스』를 소피스트의 논변들을 물리치기 위하여 플라톤이 소크라테스의 입장에서 출발해서 자신의 고유한 이론으로 나아가는 과정 중에 쓴 대화편으로 이해하고 있어서 적어도 상기설이 정식으로 등장하는 『메논』 이전에 쓰인 대화편으로 보는 편이 적절하다고 본다. 『뤼시스』와 관련해서는 『에우튀데모스』 292b 이하에 나오는 '좋음의 무한퇴행' 논변과 『뤼시스』 220b 이하에 나오는 '첫째 친구(prōton philon)' 논변이 유사한 반면 『에우튀데모스』에서는 이 문제를 해결하지 못해 난문(aporia)에 빠지나 『뤼시스』에서는 적어도 첫째 친구라는 개념에 이른다. 이를 통해 판단하면 『에우튀데모스』는 『뤼시스』 이전에 쓴 것으로 볼 수 있다. 아울러 『뤼시스』에 등장하는 크테십포스가 쟁론술을 배워서 같은 대화편에 등장하는 메넥세노스에게 쟁론술을 가르쳤다는 말이 나오는 것도 결정적이지는 않더라도

『뤼시스』를 더 나중에 쓰인 대화편으로 볼 수 있게 하는 근거이기도 하다. 또한 『고르기아스』는 대체로 『메논』 이전에 쓰인 대화편으로 보는 한편 『고르기아스』에서는 찾아보기 힘든 형상을 암시하는 대목이 『에우튀데모스』에 나온다는 사실을 통해 『에우튀데모스』가 『고르기아스』보다 나중에 쓰인 것으로 추정할 수 있다. 위작 추정에서 아직도 자유롭지 못한 『대 히피아스』와 관련해서는 『고르기아스』보다 『대 히피아스』가 더 이전에 쓰인 것이라는 추정을 받아들인다면 『에우튀데모스』가 더 나중에 쓰인 대화편으로 보인다. 이렇게 해서 추정해 본 초기 후반부의 저술들의 저작 순서를 정리해 보면 『대 히피아스』, 『고르기아스』, 『에우튀데모스』, 『메논』, 『뤼시스』가 될 것이다. 하지만 이것은 어디까지나 추정이지 확정되기는 어렵고, 다만 플라톤 이해의 편의를 위해서 하는 방편일 뿐이다.

5. 대화편 설정 시기

『에우튀데모스』에서 나오는 대화가 언제 벌어진 것으로 플라톤이 설정했는가에 대한 정확한 증거는 없다. 다만 이 대화편에 나오는 몇 구절에 착안해서 시기를 짐작해 볼 수 있을 뿐이다. 먼저 프로타고라스가 논변들을 구사한 일에 대해 과거형을 쓰고 있다는 점(286c)으로 미루어 그가 이미 사망한 시기 이후로 볼 수 있다. 프로타고라스는 기원전 420년에 사망했기 때문에 이 대화의 시기를 최소한 기원전 420년 이후로 볼 수 있다. 또한 알키비아데스가 살아 있다고 말하는 부분(275b)으로 보아 알키비아데스가 죽은 기원전 404년 이전에 이 대화가 이루어진 것으로 설정되었다고 볼 수 있다. 따라서 넓게 보면 이 대화편의 설정 연대는 기원전 420년에서 404년 사이가 된다. 이 시기를 좁힐 수 있는 증거는 두 가지가 있는데, 문제는 이 두 가지 증거가 서로 상충한다는 점이다. 첫째로 대화 중에 이름이 언급되는 크리톤의 아들 크리토불로스는 이제 막 청소년기를 벗어나는 나이로 보인다. 그러나 기원전 422년으로 대화 연대가 설정되어 있는 크세노폰의 『향연』에는 크리토불로스가 어른들의 술자리에 참가해서 클레이니아스에 대한 사랑을 토로한다. 이렇게 보면 오히려 기원전 422년보다 좀 더 이른 시기로 『에우튀데모스』의 시기를 잡아야 할 듯하다. 그러나 『에우튀데모스』의 대화 중에 소크라테스는 이미 노년에 접어든 것으로 되어 있어서 적어도 50세는 넘었다고 봐야 한다. 소크라테스가 사형을 당한 때가 기원전 399년이므로 적어도 기원전 419년 이후에 이 대화가 이루어졌다고 봐야 할 것이다. 이렇듯 대화편 안의 증거만으로 『에우튀데모스』의 대화 시기를 정확히 추정하기는 어렵다. 어떻게 보면 대화편 내에 정확한 연대를 추정할 수 있는 구절이 없다는 사실은 역으로 플라톤이 이 대화가 이루어진 시기 자체를 크게 중요하게 생각하지 않았다는 증거일 수도 있다.

참고문헌

1. 일차문헌

1) 원전 · 번역서 · 주석서

Burnet, J. (ed.), *Platonis Opera* Ⅲ, Oxford Classical Texts, Oxford : Oxford University Press, 1903.

Chance, T. H., *Plato's Euthydemus : Analysis of What is and is not philosophy*, Berkeley : The Regents of the University of California, 1992.

Gifford, E. H., *The Euthydemus of Plato*, Oxford : Clarendon Press, 1905.

Hawtrey, R. S. W., *Commentary on Plato's 'Euthydemus'*, Philadelphia : American Philo-sophical Society, 1981.

Méridier, L., *Platon oevres complètes : tome V Ion, Menexène, Euthydème*, Paris : Les belles lettres, 1931.

Canto, M., *Euthydème*, Paris : Gf-Flammarion, 1989.

Schleiermacher, F., *Platons Werke*, 3rd edn., 6 vols. Berlin ： Reimer, 1973.

Sprague, R.K., *Plato's Use of Fallacy : A Study of the Euthydemus and Some Other Dialogues*, London ： Routledge & Kegan Paul, 1962.

_____, *Plato, Euthydemus*, Indianapolis, 1965.

_____, *Plato's Philosopher-King*, Columbia University Press, 1976.

Waterfield & etc, *Early Socratic dalogues ： Euthydemus*, Penguin classics, 1987.

2) 기타 원전 · 번역서 · 주석서

Adam, J., *The Republic of Plato, Edited with Critical Notes, Commentary and Appendices*, 2nd edn. revised by D. A. Rees, vol. I, Cambridge ： Cambridge University Press, 1963.

Aischylus, Aescylus I, (trans by H. W. Smyth), Cambridge Mass. ： Harvard University Press, 2006.

Aristophanēs(ed. by Hall&Geldart), *Aristophanis comoediae* I, II, Oxford ： Oxford University Press, 1993.

Aristotelēs, *Ars rhetorica*, Oxford ： Oxford University Press, 1959.

_____, *Topica et sophistici elenchi*, Oxford ： Oxford University Press, 1958.

_____, *Politica*, Oxford ： Oxford University Press, 1957.

Bluck, R. S., *Meno ： edited with introduction and commentary*, Oxford ： Oxford University Press, 1961.

Burnet, J. (ed.), *Platonis Opera* I(1900), II(1901), III(1903), IV(1902), V(1907), Oxford Classical Texts, Oxford ： Oxford University Press.

Dodds, E. R., *Gorgias ： a revised text with introduction and commentary*, Oxford ： Oxford University Press, 1959.

Dover, K., *Symposium*, Cambridge ： Cambridge University Press, 1980.

Lamb, W.R.M., *Laches, Protagoras, Meno, Euthydemus*, Cambridge Mass. : Harvard University Press, 1924.

Diogenēs Laertios, *Biōn kai gnōmon tōn en philosohiai eudokimēsantōn tōn eis deka to ekton*(ed. by Hicks), Cambridge Mass. : Harvard University Press, 1925.

Pollux, *Lexicographi Graeci : Vol. IX : Pollucis Onomasticon*(ed. by K. G. SAUR VERLAG), Stuttgart : Tebner, 1967.

Sextus Empiricus, *Adversus mathematicos*(영역 : Against the professors), trans. by R. G. Bury, Cambridge Mass. : Harvard University Press, 1949.

Waterfield, R., *Xenophon : conversation of Socrates*, Penguin classics, 1990.

Xenophōn, Xenophontis opera omnia I, II, Oxford : Oxford University Press, 1921.

김인곤 외 옮김,『소크라테스 이전 철학자들의 단편 선집』, 아카넷, 2005.

아리스토텔레스,『소피스트적 논박』, 김재홍 옮김, 한길사, 2007.

아폴로도로스,『원전으로 읽는 그리스 신화』, 천병희 옮김, 숲, 2004.

크세노폰,『크세노폰의 향연 · 경영론』, 오유석 옮김, 작은 이야기, 2005.

플라톤,『소피스테스』, 김태경 옮김, 한길사, 2000.

_____,『소피스트』, 이창우 옮김, 아카넷, 2019.

_____,『크라튈로스』, 김인곤 · 이기백 옮김, 이제이북스, 2007.

_____,『플라톤의 네 대화편 : 에우티프론, 소크라테스의 변론, 크리톤, 파이돈』, 박종현 역주, 서광사, 2003.

_____,『국가』(개정증보판), 박종현 역주, 서광사, 2005.

2. 이차문헌

1) 단행본

Allen, R. E., *Plato's Euthyphro and earlier theroy of forms*, Routledge & Kegan Paul, 1970.

Delorme, J., *gymnasion* étude sur les monuments consacrés à l'éducation en Grèce, Paris, 1960

Dover, K., *Aristophanes, Clouds*, Oxford : Oxford University Press, 1968.

김주일, 『소크라테스는 '악법도 법이다'라고 말하지 않았다. 그럼 누가?』, 프로네시스, 2006.

도즈, 『그리스인들과 비이성적인 것』, 주은영 · 양호영 옮김, 까치, 2002.

박종현, 『플라톤 : 개정 · 증보판』, 서울대학교출판부, 2006.

박홍규, 『희랍철학논고』, 〈『유티데모스』편에 대한 분석〉, 민음사, 1995.

보에티우스, 『철학의 위안』, 정의채 옮김, 도서출판 열린, 2003.

커퍼드, 『소피스트 운동』, 김남두 옮김, 아카넷, 2003.

2) 논문

Jackson, R., 'Socrates' Iolaos : Myth and eristic in Plato's *Euthydemus*, *Classical Quarterly* vol.40 no. 2 : 378~395, 1990.

3. 사전류

Denniston, J. D., *Greek Particles*(new edition), Oxford : Bristol Classical Press, 1998.

Hornblower, S. & A. Spawforth (eds.), *The Oxford Classical Dictionary : The Ultimate Reference Work on the Classical World*, 3rd ed., Oxford : Oxford University Press, 1996.

Liddell, Soctt & John, *Greek-English Lexicon : with a revised supplement*, Oxford : Oxford University Press, 1996(LSJ로 약칭).

찾아보기

일러두기

- 본문의 내용을 파악하는 데 도움을 주는 용어에 국한했으며 일상적인 용어라도 철학적인 의미로 사용되는 경우에는 찾아보기에 넣었다.
- 그리스어 표기는 단수를 원칙으로 했으나 복수 사용이 관례인 경우에는 그에 따랐다.
- 약호는 다음을 사용한다.
  1) * : * 표시가 있는 부분은 그 대목에 해당 주석이 있음을 가리킨다.
  2) ☞ : 해당 항목에 가서 확인할 수 있다.
  3) → : 표제어에서 파생되거나 연관되는 낱말을 표제어 밑에 둘 때 사용한다.
  4) ― : 표제어와 같은 낱말을 다른 말로 번역했을 때 사용한다.

노리다 ephiēnai 272d

노인네의 선생 gerontodidaskalos
272c

논박하다 elenkein 286e, 287b,
287e, 293e, 295a, 303d, 304d
→ 논박하다 exelenkein 275e
— 논박해 버리다 exelenkein
288e
— 논박해 치우다 exelenkein
272b, 303d

논변(말) logos 283a, 283b

논변 만드는 기술 logopoiikē 289c
→ 논변 만드는 사람 logopoios
289d

논변(말)들로 en tois logois 272a

논의(말) logos 271b*, 277b, 283a,
284c, 286d, 286e, 287c, 288a,
292c, 293a, 297a, 297c, 300d,
302b, 303a, 303d

논의를 듣는 것을 좋아하는 philēkoos
274c

논쟁하다 amphisbētein 279b, 296e

놀림당하다 skōptesthai 294d

놀이 paidia 277d, 278b
→ 놀이하다 paizein 277e,
278b

능한 deinos 272a, 272b, 273e,
299c, 304d, 305b, 305c
— 능란한 303a*, 305c

다른 것 heteron 285d, 301a*,
301b~c, 303d

다스리다 archein 291c~292a, 301e

닦다 askein 283a
— 연마하다 307c

달램 paramythia 289e

달통하다 exergazesthai 272a

닮은 homoios 303d, 304c

대다 hypechein 285e*

대상(것) pragma 274e, 277e, 278a,
289c

대적하다 antairein 272a
→ 대적하다 amechasthai
303a

대화를 나누다 dialegesthai 271a*,
274b, 275b, 275c, 283b, 295e,
301c, 304a~b, 304e, 305b

덕 aretē 273d*, 274e, 275a, 278d,
283a, 283b, 285c, 287a

돌봄 epimeleia 275a*

돌보다 epimelein 275a, 278d, 295d

돌이켜 생각해 보다 metanoein
279c*

동감하다 syndokein 289c

동료 hetairos 284e, 299c, 305a

되살리다 analambanein 275c

드러내다 ekphanēnai 288c
→ 드러나다 phainesthai 297a,
298a

시험 peira 275b

신령스런 daimonion 272e*

신종 kainos 271b*

신호 sēmeion 272e*

실제로는 tō onti 306c

싼 euōnos 304b

싸움 방식 machē 272a*

썰렁한 phsychros 284e*

쓰러지다 piptein 288a

쓸모없는 ponēros 285b, 307b

아는 상태인 epistēmōn 293c*,
293d, 294a~b, 297a

아둔한 skaios 295d

아둔한 blakeia 287e

아름다운 kalos 273d, 282b, 288c,
293d, 300e, 303a, 303c~d
— 알맞은 275b
→ 아름답게 kalōs 275a,
279b, 301c
— 제대로 275c
— 훌륭하게 274e, 282c, 307b
→ 아름다움 kallos 281a*,
301a*

아름다운 것 to kalon 273d, 299b,
301a, 301b, 302a

아름다운 것 자체 auto to kalon
301a

아름답고 훌륭한 kalos kai agathos
271b*, 273b, 284d, 302c

아무런 mēdemios 277e

아울로스 aulos 279e*, 289c

아이 meirakion 271b*, 273b,
275d~e, 276b~d, 277d,
278d, 285b, 290e, 293a, 307a

알다 gignōskein 271b, 287d, 288b,
301e

알다 manthanein 305c

알다 episthanai 273c, 276a~b,
276d~277b, 278b, 285a,
289a~b, 289d, 290d, 293b~
294b, 294d, 294e~295a,
295e~297b
→ 앎 episthēmē 273e*, 277b~
c, 277e~278a, 281a~b, 282a,
282e, 288d, 289a~c, 289e,
291b, 292c~293b, 293e

알맞은 kalos ☞ 아름다운

알아듣다 manthanein ☞ 배우다

앞질러 가르치다 prodidaskein 302c

어려운 문제 aporia ☞ 곤경
→ 어려워하다 aporein ☞ 곤경

어리석은 euēthēs 279a

어설프게 idiokōs 278d, 282d

어설픈 사람 idiōtēs 295e

억울한 일을 당하다 adikein 273c

언급하다 memnēsthai 286b*

엎어 치다 kataballein 277d
→ 엎어 치다 anatrepein 286c,

288a

hediazein 278d

증거 tekmērion 272b, 289d, 294c

증명하다 apodeiknynai 285e

지성 nous 281b

— 생각 282d

지혜로운 sophos 271e, 272c, 273c,
　　275d, 276a~c, 279e, 280a,
　　282a~b, 282e, 283b~c, 286e,
　　287b~e, 289e, 290c, 292c,
　　293d, 295a, 297d, 299a, 303c,
　　304d~e, 305c~d

지혜에 대한 사랑 philosophia 275a*,
　　288d

지혜 sophia 271b*, 271c, 272b, 272d,
　　274a~b, 274d, 275c, 276d,
　　278d, 279c~d, 280a~b, 281b,
　　281d~e, 282c~283a, 288b,
　　294e, 296e, 297c, 299a, 300b,
　　300d, 301b, 301e, 303c, 304c,
　　305d~e

　　→ 모든 것에 대해 지혜로운
　　passophos 271c

지혜를 사랑하는 일 philosophia 304e

지휘하다 archein 287d

진술(말) logos 285e*, 286a~b

진지한 spoudaios 278c, 283c,
　　288b~c, 300e

— 훌륭한 307a

→ 전념하다 spoudazein 273d

— 진심으로 283b

— 진지하게 굴다 283c

— 진지하다 283c, 294b

— 진지하게 288b

— 진지하게 대하다 288c

— 진지한 모습을 보이다
　　288d, 294b

— 진지해지다 288c

— 최선을 다하다 293a

→ 공 spoudē 304e

— 열성 306e

진짜로 tō onti 303e

　　→ 진짜로 alēthōs 286d

질문 erōtēma 275d, 276d~e 278b*,
　　278e, 287a, 294d

짐작하다 hypolambanein 295c

차이 diaphora 278b

착수하다 hapsesthai 283a

찬양하다 hymnein 297d

　→ 찬양하다 enkomiazein 303c

참된 것 talēthē ☞ 사실

참여하다 metechein 271b

천문학자 astronomos 290c

철학 philosophia 305b*, 306b,
　　306c, 307a~b

추구하다 epitēdeuein 307b

추종자 erastēs 274c

　→ 추종자 hetairos 303b

그리스어 – 한국어

adikein 억울한 일을 당하다
aganaktein 화가 끓어오르다
agathon 좋은
agathos 훌륭한
agōn 경쟁
agōnizesthai 겨루다
agriōterō 거칠게
agroikōs 무지막지한
aisthaneisthai 깨닫다
alēthōs 진짜로
allokotos 이상스런
amathēs 무지한
amathia 무지
amechasthai 대적하다
amphisbētein 논쟁하다
analambanein 되살리다
anamimnēskein 기억을 떠올리다
anamnēsthēnai 기억이 떠오르다
anatrepein 엎어 치다, 나자빠지다
andreiōs 용기 있게
anoētos 멍청한
antairein 대적하다
antilegein 반박하다
apautoschediazein 즉흥적으로 말을
     하다
apergazesthai 완성하다
aphrōn 무분별한

aphyktos 벗어날 길 없는
aporein 어려워하다, 곤혹스러워 하다
apori 곤경, 어려운 문제
apo tau'omatou 저절로
apodeiknynai 증명하다
apodytērion 탈의실
Apollōn patrōios 조상신 아폴론
apollynai 죽다
apophanai 만들어 내다
aporein 어려워하다
aporia 어려운 문제
archein 다스리다, 지휘하다
aretē 덕
argos 등한시하는
askein 닦다
astasiastos 내분 없는
astronomos 천문학자
atechnōs 전적으로, 그야말로
athanasia 불멸
atimos 불명예스런 자리에 있는
atopos 이상한
aulos 아울로스
auto to kalon 아름다운 것 자체
basilikē 왕의 기술
blakeia 아둔한
charieis 품격이 있는
choreia 가무
chros 가무단
chrēmastikē 재물 획득술

chrēsimo 것
chrēsthai 사용하다
chrēmenē technē 사용하는 기술
daimonion 신령스런
deinos 능한
delear 미끼
dēmotikos 남을 위하는
dialegesthai 대화를 나누다
dialektikos 변증술 전문가
dianoein 생각하다
dianoia 생각
diaphora 차이
diēgesthai 이야기하다
diēgēsis 이야기
diexienai 상세하게
dikaios 공정한
dikastēs 재판관
doxa 의견
doxazein 의견을 갖다
eikos 일리가 있는
eiōthos 익숙한
ekklēsiastēs 민회의원
ekphanēnai 드러내다
elenkein 논박하다
emphrōn 분별 있는
en tois logois 논변(말)들로
endeiknynai 밝혀 보여 주다
enkomiazein 찬양하다
entimos 명예로운 자리에 있는

epaiein 전문가다
epainein 칭송하다
epangellesthai 공언하다
epēbolos 획득한 사람
ephiēnai 노리다
epideiknynai 입증해 보이다
epideixis 입증
epikalein 불러 모시다
epimeleia 돌봄
epimelein 돌보다
episkopein 헤아리다
epistēmōn 아는 상태인
episthanai 알다
episthēmē 앎
epitēdeios 적합한
epitēdeuein 추구하다
epitēdeuma 일, 관심사
epithymein 탐내다
epōidos 주술사
erastēs 사랑하는 사람, 추종자
ergatēs 부지런한
ergon 일, 산물, 본업
eristikē 쟁론술
erōtēma 질문
erythrian 벌게지다
eu poiein 잘해 주다
eu prattein 잘 살다
eudaimōn 행복한
eudaimonein 행복해지다

218

kithara 키타라

koinēi 공동으로

kolouesthai 망신을 당하다

komidēi 딱

kratistos 막강한

krinein 판단하다

ktasthai 획득하다

ktēma 가진 것

ktēsis 획득

kybernētēs 선장

legein 구사하다

legomenon 말

logistikos 산술 학자

logopoiikē 논변 만드는 기술

logopoios 논변 만드는 사람

logos 진술, 논의, 근거, 말

loidorein 욕하다

lyra 뤼라

machē 싸움 방식

makarios 복된

malista 딱

manthanein 알다, 알아듣다, 배우다

mēdemios 아무런

megalophronōs 통 크게

egaloprepe 고매한

meirakion 아이

memnēsthai 언급하다

metanoein 돌이켜 생각해 보다

metechein 관여하다

metechein 참여하다

methoria 중간지대

metriōs 적절하게

mimesthai 흉내내다

mimnēskein 기억하다

neaniskos 젊은이

nous 지성

ochlos 무리

oneidizein 망신을 주다

oneidos 망신

oninasthai 이득을 보다

onoma 이름, 말

ōphelein 이롭게 하다

ōphelia 이로움

opsis 외모

orcheisthai 가무하다

orthōs 옳게

orthotēs 옳음, 올바름

oute kakon oute agathon 좋지도
　　　나쁘지도 않은 것

pacheōs 무디게

paidia 놀이

paidika 사랑하는 소년

paizein 놀이하다

pammachō 만능 싸움패

pankalōs 요란하게

pankratiastēs 팡크라티온 선수

panourgos 무엇이든 할 수 있는 사람

paradeigma 본보기

paradounai 전수하다

paragenesthai 자리하다

parakeleuein 권하다

parakeleutikos 권하는

parakouein 귀동냥하다

paralērein 헛소리 하다

paramythia 달램

parechein 제공하다

pareinai 자리하다

parergos 부업

passophos 모든 것에 대해 지혜로운

peira 시험

phainesthai 드러나다

phaulos 하찮은

philēkoos 논의듣기를 좋아하는

philos 친애하는

philosophia 철학

philosophia 지혜에 대한 사랑

phortikos 수준 낮은

phronēsis 분별

phronimos 분별 있는

phsychros 썰렁한

physis 본성, 자질

piptein 쓰러지다

poiein 만들다

poiētēs 작성자

poiousa technē 만드는 기술

politik 정치술

ponēros 쓸모없는

pragma 상황, 대상 사물, 일

pragmenon 행위

praon 배려하는

prattein 행하다, 하다

praxis 행동

prodidaskein 앞질러 가르치다

propherēs 숙성한

protrepein 방향을 잡아 주다, 권유
하다

protreptikos 권유하는

seudestha 거짓되게 말하다

pynthanesthai 배우다, 이해하다

rhēma 구절, 말

rhētorikē 연설 기술

rhētōr 연설가

sēmeion 신호

semnos 비범한

skaios 아둔한

sklēphros 마른

skōptesthai 놀림당하다

sōma 몸

sophia 지혜

sophistēs 소피스트

sophos 지혜로운

sōphronein 제정신이다

sōphrōn 절제 있는

sōphrōnein 절제 있게 살다

spoudaios 진지한

spoudazein 전념하다

spoudē 공(功)

stratēgikē 장군의 기술

stratēgos 장군

symmathētēs 학우

syndokein 동감하다

syngnōmē 용서

syngraphein 작성하다

syniēnai 이해하다

talēthē 참된 것

taxis 배치

techmairesthai 판단하다

technēi 기술적으로

techtonikē 목공 기술

tekmērion 증거

teletē 입교식

teras 괴상한

teratōdēs 기이한

tharraleōs 용감하게

tharrein 용감하게 하다

thateron 좋지 않은 것

thēreutikē 사냥술

timē 영예

timio 값진

to alēthē 사실

to epachthes 고약함

to kalon 아름다운 것

to mē esti 그렇지 않은 것

to mē on 있지 않는 것

tō onti 진짜로, 실제로는

tychē 운

tynchanein 적중하다

xenos 외지인

고유명사

디오스쿠로스 Dioskouros 293a*

뤼케이온 Lykeion 271a*, 303b

마르쉬아스 Marsyas 285c*

메데이아 Mēdeia 285c*

메트로비오스 Mētrobios 272c

무사 Mousa 275d*

므네모쉬네 Mnēmosynē 275d*

부족의 아테나이아 Athēnaia phratria
302d

소프로니스코스 Sōphroniskos 297e,
298b

아이스퀼로스 Aischylos 291d

아카르나니아 Acharnania 271c*

악시오코스 Axiochos 271b*, 275a,
278e, 279c

이올라오스 Iolaos 297c~d

제우스 Zeus 292e, 302b~d, 302e

카리아 Char 285c*

카이레데모스 Chairedēmos 297e

코뤼바스 Korybas 277d*

코린토스 Korinthos 292e*

콘노스 Konnos 272c*, 295d

옮긴이의 말

내가 『에우튀데모스』에 관심을 갖기 시작한 것은 학위 논문을 막 준비하려던 1998년경이었던 것으로 기억한다. 플라톤의 철학에 끼친 파르메니데스 철학의 영향이라는 주제로 논문을 준비하면서 파르메니데스 철학의 영향이 뚜렷한 플라톤의 대화편을 읽기 시작했는데, 그중에서 가장 처음 읽은 것이 이 대화편이었다. 당시에는 성균관 대학교 대학원 석사 과정에 있던 두 명의 후배들과 같이 이 책을 읽었는데, 매주 모여 번역을 다듬어 가며 책을 읽고 저녁에는 술자리에서 열띤 토론을 하던 기억이 아직도 새롭고 그립다.

다시 이 대화편을 읽게 된 것은 본격적으로 학위 논문을 쓰고 있던 2001년 초였다. 현재 플라톤 전집을 번역하고 있는 정암학당에서 당시에는 플라톤의 작품 중에서 번역되지 않은 작품들을 중심으로 읽고 있었고, 방학 중에는 횡성의 작은 시골에 일주일씩 가서 집중적으로 플라톤의 작품을 읽고 번역하는 집중 독회 프로그램이 있었다. 그 첫 번째 대상이 된 것이 이『에우튀데모스』였다. 당시 우리는 플라톤의 작품을 하나 읽으려 해도 최소한 학기의 시간이 걸려 읽게 되는 게 보통이었는데, 합숙을 하면서 일주일 내내 읽다 보니 한 학기 분량의 대화편을 한숨에 읽어 나갈 수가 있었다. 매주 만나 지난 시간에 나왔던 내용을 다시 기억하고 그 뒤를 이어가는 번거로움이 없이 한달음에 읽는 플라톤은 그 자체로 감동이었다. 더구나『에우튀데모스』는 구성이 완벽해서 더욱 큰 재미를 주었다. 나중에 정암학당에서 플라톤 전집 계획이 수립되면서 2006년 2학기에 정기 강독 시간에 여러 선후배들과 다시『에우튀데모스』를 읽을 시간을 가졌고, 2007년 여름에는 다시 횡성에서 초벌 번역된『에우튀데모스』를 검토하는 시간을 정암학당 연구원들과 가졌다. 마지막으로는 서울대에서 석사 논문을 준비하는 전준현과 따로『에우튀데모스』를 치밀하게 검토하는 시간을 가졌다. 이렇게 보면『에우튀데모스』는 공동 독회만 다섯 차례를 거친, 복 받은 대화편이다. 그런데도 막상 번역서를 내면서 두렵고 주저하는 마음이 생기는 것은 이 작품이 갖는 까다로움 때문이다.

『에우튀데모스』는 구성이 정교하고 등장 인물의 성격이 다채로워서 플라톤의 다른 작품인『향연』에 버금갈 만한 탁월한 문학

작품이다. 특히 희극적 성격을 강하게 띠고, 등장 인물들의 대사가 간결하고 함축적이라서 행간을 정확하게 읽지 못하면 맨송맨송하다 못해 이질감마저 느끼게 된다. 고전은 당시의 상황에 대한 정확한 이해가 없으면 의미 있는 독서가 되기 어렵다는 것이 당연한 사실이지만, 특히나 희극은 당시의 유행이나 어투, 상황을 이용하는 농담이 많기 때문에 그 시대에 대한 정확한 이해가 없이는 농담에 장단을 맞춰 웃기가 힘들다. 우스갯소리를 듣고 남들 다 웃는 중에 유독 웃지 못하는 한두 사람을 위해 이 소리가 왜 우스운지를 설명해야 할 때만큼 맥 빠지는 노릇이 없는데, 이 대화편 번역이 그 처지가 된 것이 아닌가 하는 우려가 든다. 그래도 오랜 동안 번역을 다듬어 오면서 플라톤의 농담을 실시간대로 옮긴 경우가 많이 늘었다고 스스로 위로를 삼아 본다.

　이 대화편이 읽기 힘든 또 다른 이유는 작품에 등장하는 여러 오류 추리들이 그리스어의 독특한 구조와 애매함에 바탕을 둔 것이 많기 때문이다. 언어가 철학에 미치는 영향이 지대하다는 것은 잘 알려진 사실이지만, 특히나 이 대화편에는 언어의 결함을 궤변의 토대로 삼으려는 소피스트와 언어의 한계를 넘어 사실로 육박하려는 소크라테스의 정신이 날카로운 풍자의 형태로 맞붙는 형태가 되어 이해하기 어려운 점이 많다. 이런 점들은 주석을 통하여 충분히 보완하려 했으나 그 생생한 궤변의 모습을 우리말로 충분히 옮기지 못한 아쉬움은 여전히 남는다.

『에우튀데모스』의 형식에 대해 많은 이야기를 했지만, 내용으로 볼 때도 『에우튀데모스』는 건질 것이 많은 대화편이다. 구성의 단일함을 유지하려다 보면 내용이 오히려 빈약해질 법도 하련만 다양한 주제들을 솜씨 좋게 통일된 구성을 통해서 보여 준다. 소크라테스 철학과 소피스트 철학의 차이, 그 철학들의 방법론이 갖는 교육적 효과의 차이, 젊은이를 위한 덕의 권유, 참으로 좋은 것에 대한 고찰, 진정한 정치가의 역할과 모습, 언어와 실재의 차이 등 형이상학 · 윤리학 · 정치철학 · 언어철학을 넘나드는 주제들이 서로 촘촘하게 얽혀 정교한 무늬를 이루고 있다. 여기에 희극이라는 소스를 얹어 놓았으니 음식으로 치면 많지 않은 분량 때문에 진수성찬까지는 아니더라도 야무진 칠첩반상은 되는 작품이다.

이번에 새로 아카넷으로 출판사를 옮겨 이 책을 다시 내면서 '옮긴이의 말에 대한 후기'와 같은 글을 마지막으로 덧붙이고자 한다. 출판사를 옮기면서 많은 부분을 새로 고치지는 못했다. 그래도 아카넷 김일수 팀장을 비롯한 여러 분들의 관심과 도움으로 그간 방치되었던 오탈자와 비문을 바로 잡을 수 있었다. 처음 이 대화편을 같이 읽은 이창연, 김윤호 두 후배와 중간을 같이 해준 정암학당의 이정호 선생님 이하 연구원 선후배 및 마무리를 도와 준 전준현에게 여전한 감사의 마음을 드린다. 아울러 바쁜 일정에도 불구하고 꼼꼼한 편집을 해준 아카넷 출판사 직원 여러분들께도 감사한 마음을 드리고 싶다. 끝으로 이 책의 첫 출생을 담당해 주었던 이제이북스의 오랜 후의에도 아쉬움과 더불어 감사의 뜻을 표한다.

2019년 10월

김주일

사단법인 정암학당을 후원해 주시는 분들

정암학당의 연구와 역주서 발간 사업은 연구자들의 노력과 시민들의 귀한 뜻이 모여 이루어집니다. 학당의 모든 연구는 시민들의 자발적인 후원을 바탕으로 하기 때문입니다. 그 결실을 담은 '정암고전총서'는 연구자와 시민의 연대가 만들어 내는 고전 번역 운동의 산물이라고 할 수 있습니다. 이 같은 학술 운동의 역사적 의미를 기리고자 이 사업에 참여한 후원회원 한 분 한 분의 정성을 이 책에 기록합니다.

평생후원회원

Alexandros Kwanghae Park 강대진 강상진 강선자 강성훈 강순전 강창보
강철웅 고재희 권세혁 기종석 길명근 김경랑 김기영 김남두 김대오
김미성 김미옥 김상기 김상수 김상욱 김상현 김석언 김석준 김성환
김숙자 김영균 김영일 김운찬 김 율 김은자 김인곤 김재홍 김정락
김정란 김정례 김정명 김정신 김주일 김진성 김진식 김출곤 김 헌
김현래 김현주 김혜경 김효미 류한형 문성민 문수영 박계형 박금순
박금옥 박명준 박병복 박복득 박선미 박세호 박승찬 박윤재 박정수
박정하 박종철 박진우 박창국 박태일 박현우 반채환 배인숙 백도형
백영경 변우희 서광복 서 명 설현석 성중모 손윤락 송경순 송대현
송유례 송정화 신성우 심재경 안성희 안 욱 안재원 안정옥 양문흠
여재훈 염수균 오지은 오흥식 유익재 유재민 유태권 유 혁 윤나다
윤신중 은규호 이기백 이기석 이기연 이기용 이두희 이명호 이민정
이상구 이상원 이상익 이상인 이상희(69) 이상희(82) 이석호 이수미 이순이
이순정 이승재 이영원 이영호(48) 이영환 이옥심 이용술 이용재 이용철
이원혁 이유인 이은미 이임순 이재경 이정선(71) 이정선(75) 이정숙 이정식
이정호 이종환(71) 이종환(75) 이지수 이 진 이창우 이창연 이춘매 이태수
이태호 이필렬 이황희 이현숙 이현임 임대윤 임보경 임연정 장경란
장동익 장영식 전국경 전병환 전헌상 전호근 정선빈 정순희 정연교
정 일 정정진 정제문 정준영(63) 정준영(64) 정태흡 정해남 정흥교 정희영
조광제 조대호 조병훈 조익순 차기태 차미영 최 미 최세용 최수영
최병철 최영임 최영환 최운규 최원배 최윤정(77) 최인규 최지호 최 화
표경태 풍광섭 하선규 하성권 한경자 한명희 허남진 허선순 허성도
허영현 허용우 허정환 홍순정 황규빈 황희철
나와우리〈책방이음〉   도미니코 수도회   도바세   방송대문교소담터스터디
방송대영문과07 학번미아팀   법률사무소 큰숲   부북스출판사(신현부)
생각과느낌 정신건강의학과   이제이북스   카페 벨라온

후원위원

강승민	강용란	강진숙	강태형	고명선	곽성순	길양란	김경현
김대권	김명희	김미란	김미선	김미향	김백현	김복희	김상봉
김선희(58)	김성민	김성윤	김수복	김순희(1)	김승우	김양희(1)	김양희(2)
김애란	김영란	김용배	김정현	김지수(62)	김진숙(72)	김형준	김형희
김희대	맹국재	문영희	문종철	박미라	박우진	백선옥	사공엽
서도식	성민주	손창인	손효주	송봉근	송상호	송성근	송순아
송연화	송찬섭	신미경	신성은	신재순	심명은	엄윤경	오현주
오현주(62)	우현정	원해자	유미소	유효경	윤정혜	이경진	이명옥
이봉규	이봉철	이선순	이수민	이수은	이승목	이승준	이신자
이원제	이정민	이주형	이지희	이진희	이평순	이한주	이향섭
이향자	임경미	임성진	임우식	장미성	장세백	전일순	정삼아
정선빈	정세환	정현석	조동제	조문숙	조민아	조백현	조범규
조정희	조진희	조태현	주은영	천병희	최광호	최세실리아	
최승렬	최승아	최은영	최정옥	최효임	한대규	허 민	허지현
홍순혁	홍은규	홍정수	황정숙	황훈성			

문교경기〈처음처럼〉　　　　문교수원3학년학생회　　　　문교안양학생회
문교경기8대학생회　　　　문교경기총동문회　　　　문교대전충남학생회
문교베스트스터디　　　　문교부산지역7기동문회　　　　문교부산지역학우일동(2018)
문교안양학습관　　　　문교인천동문회　　　　문교인천지역학생회
방송대동아리〈아노도스〉　　　방송대동아리〈예사모〉　　　방송대동아리〈프로네시스〉
사가독서회

개인 116, 단체 16, 총 132

후원회원

강경훈	강경희	강규태	강보슬	강상훈	강선옥	강성만	강성식	강성심
강신은	강유선	강은미	강은정	강임향	강주완	강창조	강 항	강희석
고경효	고복미	고숙자	고승재	고창수	고효순	곽범환	곽수미	구본호
구익희	권 강	권동명	권미영	권성철	권순복	권순자	권오성	권오영
권용석	권원만	권장용	권정화	권해명	김경미	김경원	김경화	김광석
김광성	김광택	김광호	김귀녀	김귀종	김길화	김나경(69)	김나경(71)	김남구
김대겸	김대훈	김동근	김동찬	김두훈	김 들	김래영	김명주(1)	김명주2
김명하	김명화	김명희(63)	김문성	김미경(61)	김미경(63)	김미숙	김미정	김미형
김민경	김민웅	김민주	김범석	김병수	김병연	김병옥	김보라미	김봉습
김비단결	김선규	김선민	김선희(66)	김성곤	김성기	김성은	김세은	김세원
김세진	김수진	김수환	김순금	김순옥	김순호	김순희(2)	김시형	김신태
김승원	김아영	김양식	김영선	김영숙(1)	김영숙(2)	김영순	김영애	김영준
김옥경	김옥주	김용술	김용한	김용희	김유석	김유순	김은미	김은심
김은정	김은주	김은파	김인식	김인애	김인욱	김인자	김일학	김정식

김정현	김정현(96)	김정화	김정훈	김정희	김종태	김종호	김종희	김주미
김중우	김지수(2)	김지애	김지유	김지은	김진숙(71)	김진태	김철한	김태식
김태헌	김태희	김평화	김하윤	김한기	김현규	김현숙(61)	김현숙(72)	김현우
김현정	김현철	김형규	김형전	김혜숙(53)	김혜숙(60)	김혜원	김혜자	김혜정
김홍명	김홍일	김희경	김희성	김희준	나의열	나춘화	남수빈	남영우
남원일	남지연	남진애	노마리아	노미경	노선이	노성숙	노혜경	도종관
도진경	도진해	류다현	류동춘	류미희	류시운	류연옥	류점용	류종덕
류진선	모영진	문경남	문상흠	문영식	문정숙	문종선	문준혁	문찬혁
문행자	민 영	민용기	민중근	민해정	박경남	박경수	박경숙	박경애
박귀자	박규철	박다연	박대길	박동심	박명화	박문영	박문형	박미경
박미숙(67)	박미숙(71)	박미자	박미정	박배민	박보경	박상선	박상준	박선대
박선희	박성기	박소운	박순주	박순희	박승억	박연숙	박영호	박영찬
박옥선	박원대	박원자	박윤하	박재준	박정서	박정오	박정주	박정은
박정희	박종례	박종민	박주현	박준용	박지영(58)	박지영(73)	박지희	박진만
박진현	박진희	박찬수	박찬은	박춘례	박한종	박해윤	박헌민	박현숙
박현자	박현정	박현철	박형전	박혜숙	박홍기	박희열	반덕진	배기완
배수영	배영지	배제성	배효선	백기자	백선영	백수영	백승찬	백애숙
백현우	변은섭	봉성용	서강민	서경식	서동주	서두원	서민정	서범준
서승일	서영식	서옥희	서월순	서용심	서정원	서지희	서창립	서회자
서희승	석현주	설진철	성 염	성윤수	성지영	소도영	소병문	손금성
손금화	손민석	손상현	손동철	손정수	손태헌	손혜정	송금숙	송기섭
송명화	송복순	송석현	송염만	송요중	송원욱	송원희	송유철	송인애
송태욱	송효정	신경원	신기동	신명우	신민주	신성호	신영미	신용균
신정애	신지영	신혜경	심경옥	심복섭	심은미	심은애	심정숙	심준보
심희정	안건형	안경화	안미희	안숙현	안영숙	안정숙	안정순	안진구
안진숙	안화숙	안혜정	안희경	안희돈	양경엽	양미선	양병만	양선경
양세규	양지연	엄순영	오명순	오서영	오승연	오신명	오영수	오영순
오유석	오은영	오진세	오창진	오혁진	옥명희	온정민	왕현주	우남권
우 람	우병권	우은주	우지호	원만희	유두신	유미애	유성경	유정원
유 철	유향숙	유형수	유희선	윤경숙	윤경자	윤선애	윤수홍	윤여훈
윤영미	윤영선	윤영이	윤 옥	윤은경	윤재은	윤정만	윤혜영	이건호
이경남(1)	이경남(72)	이경미	이경선	이경아	이경옥	이경자	이경원	이경희
이관호	이광로	이광석	이광영	이군무	이궁훈	이권주	이나영	이덕제
이동래	이동조	이동춘	이명란	이명순	이미란	이미옥	이민숙	이병태
이복희	이상규	이상래	이상봉	이상선	이상훈	이선민	이선이	이성은
이성준	이성호	이성훈	이성희	이세준	이소영	이소정	이수경	이수련
이숙희	이순옥	이승훈	이시현	이아람	이양미	이연희	이영숙	이영실
이영애	이영철	이영호(43)	이옥경	이용숙	이용웅	이용찬	이용태	이원용
이윤주	이윤철	이은규	이은심	이은정	이은주	이이숙	이인순	이정빈

이정석 이정선(68) 이정애 이정임 이종남 이종민 이종복 이주완 이중근
이지석 이지현 이진우 이철주 이춘성 이충원 이태곤 이표순 이한솔
이현호 이혜영 이혜원 이호석 이화선 이희숙 이희정 임석희 임솔내
임창근 임현찬 임환균 장모범 장시은 장영애 장오현 장지나 장지원(65)
장지원(78) 장지은 장철형 장태순 장홍순 전경민 전다록 전미래 전병덕
전석빈 전우성 전우진 전종호 전진호 정경회 정계란 정금숙 정금연
정금이 정금자 정난진 정미경 정미숙 정미자 정상묵 정상준 정선빈
정세영 정아연 정양민 정양욱 정 연 정연화 정영목 정옥진 정용백
정우정 정유미 정은정 정일순 정재웅 정정녀 정지숙 정진화 정창화
정하갑 정은교 정해경 정현진 정호영 정환수 조권수 조길자 조덕근
조미선 조미숙 조병진 조성일 조성혁 조수연 조영래 조영수 조영신
조영호 조용수 조용준 조윤정 조은진 조정란 조정미 조정옥 조준호
조증윤 조창호 조현희 조황호 주봉희 주연옥 주은빈 지도영 지정훈
진동성 차경숙 차문송 차상민 차혜진 채수환 채장열 천동환 천명옥
최경식 최명자 최미경 최보근 최석묵 최선회 최성준 최수현 최숙현
최영란 최영순 최영식 최영아 최원옥 최유숙 최유진 최윤정(66) 최은경
최일우 최자련 최재식 최재원 최재혁 최정욱 최정호 최종희 최준원
최지연 최혁규 최현숙 최혜정 하혜용 한미영 한생곤 한선미 한연숙
한옥희 한윤주 함귀선 허미정 허성준 허 양 허 웅 허인자 허정우
홍경란 홍기표 홍병식 홍섬의 홍성경 홍성규 홍성은 홍영환 홍의중
홍지흔 황경민 황광현 황미영 황미옥 황선영 황유리 황은주 황재규
황정희 황주영 황현숙 황혜성 황희수 kai1100 익명
문교강원동문회   문교강원학생회   문교경기〈문사모〉
문교경기동문〈문사모〉   문교서울총동문회   문교원주학생회
문교잠실송파스터디   문교인천졸업생   문교전국
총동문회 문교졸업생   문교8대전국총학생회   문교11대서울학생회
문교K2스터디   서울대학교 철학과 학생회   (주)아트앤스터디
영일통운(주)   장승포중앙서점(김강후)   책바람

개인 673, 단체 18, 총 691

2019년 9월 30일 현재, 991분과 44개의 단체(총 1,035)가 정암학당을 후원해주고 계십니다.

▌옮긴이

김주일

성균관대학교에서 플라톤과 파르메니데스 철학의 관계에 대한 주제로 박사학위를 받았다. 현재 성균관대학교와 청주대학교에 출강하며 그리스 로마 고전 연구소인 정암학당의 연구원으로 있다. 저서로는 『소크라테스는 악법도 법이라고 말하지 않았다. 그럼 누가?』, 『서양고대철학 1』(공저)가 있고, 역서로는 『소크라테스 이전 철학자들 단편선집』(공역), 플라톤의 『에우튀데모스』, 『파이드로스』, 『편지들』(공역), 『알키비아데스 1,2』(공역), 『법률 1,2』(공역) 등이 있다.

정암고전총서는 정암학당과 아카넷이 공동으로 펼치는 고전 번역 사업입니다.
고전의 지혜를 공유하여 현재를 비판하고 미래를 내다보는 안목을 키우는
문화적 기반을 마련하고자 합니다.

정암고전총서 플라톤 전집

에우튀데모스

1판 1쇄 찍음 2019년 10월 15일
1판 1쇄 펴냄 2019년 10월 25일

지은이 플라톤
옮긴이 김주일
펴낸이 김정호
펴낸곳 아카넷

출판등록 2000년 1월 24일(제406-2000-000012호)
주소 10881 경기도 파주시 회동길 445-3 2층
전화 031-955-9511(편집) · 031-955-9514(주문)
팩스 031-955-9519
www.acanet.co.kr

© 김주일, 2019

Printed in Paju, Korea.

ISBN 978-89-5733-650-2　94160
　　　978-89-5733-634-2　(세트)

도서의 국립중앙도서관 출판예정도서목록(CIP)은
서지정보유통지원시스템 홈페이지(http://seoji.nl.go.kr)와
국가자료공동목록시스템(http://www.nl.go.kr/kolisnet)에서 이용하실 수 있습니다.
(CIP제어번호: CIP2019038589)